玩转榨汁机

I 让你变美变瘦变健康 I

刘建平 编著

中国轻工业出版社

图书在版编目（CIP）数据

玩转榨汁机：让你变美瘦变健康／刘建平编著.
— 北京：中国轻工业出版社，2016.9
ISBN 978-7-5184-1046-0

Ⅰ．①玩… Ⅱ．①刘… Ⅲ．①饮料－制作 Ⅳ.
①TS27

中国版本图书馆CIP数据核字（2016）第174465号

责任编辑：付　佳　王芙洁　责任终审：劳国强　封面设计：水长流
策划编辑：付　佳　王芙洁　版式设计：水长流　责任监印：马金路

出版发行：中国轻工业出版社（北京东长安街6号，邮编：100740）
印　　刷：北京画中画印刷有限公司
经　　销：各地新华书店
版　　次：2016年9第1版第1次印刷
开　　本：720×1000　1/16　印张：13
字　　数：240千字
书　　号：ISBN 978-7-5184-1046-0　　　　定价：38.00元
邮购电话：010-65241695　传真：65128352
发行电话：010-85119835　85119793　传真：85113293
网　　址：http://www.chlip.com.cn
Email: club@chlip.com.cn
如发现图书残缺请直接与我社邮购联系调换
160219S1X101ZBW

随着生活水平的逐渐提高，人们对健康和营养饮食要求也就越来越高。而在家DIY果蔬汁不仅营养、安全，也可以享受到生活中的乐趣。

果蔬汁含有人体所需多种维生素、膳食纤维以及钙、磷、钾、镁等营养物质，具有调气血、养五脏、增强细胞活力、提高人体免疫力、消除疲劳、醒脑安神以及美容养颜等功效，同时还对各种疾病有着积极的预防和调理作用。

利用榨汁机制作果蔬汁既方便又简捷。在DIY果蔬汁时，可以充分发挥想象力，各种水果、蔬菜相互自由搭配，完全可以按照自己的喜好和需求随意选择，制作出口感更适合自己、更营养健康的果蔬饮品。

本书介绍了数百种有益于身体健康的果蔬汁的DIY方法，每天只需几分钟，就能为自己和家人榨制一杯营养均衡、色香味俱佳的果蔬汁，轻松呵护全家人的健康。

CONTENTS　目录

绪论　如何才能用好榨汁机

选择适合自己的榨汁机 ／11

制作果蔬汁的注意事项 ／15

喝果蔬汁的黄金时间 ／15

果蔬的五性、五味与归经 ／16

解开果蔬的色彩密码 ／18

CHAPTER **1**　美白嫩肤养颜

美白嫩肤必需的营养素 ／20

不同年龄段的护肤真相 ／24

美白嫩肤养颜果蔬汁 ／25

苹果汁 保湿美白 ／25

苹果菠萝汁 美白养颜 ／25

雪梨李子蜂蜜汁 保湿润肤 ／26

芒果汁 润肤防衰 ／26

西瓜汁 保湿补水 ／26

西瓜橘子番茄汁 美容护肤 ／27

香蕉汁 美白护肤 ／28

香蕉番茄汁 保持肌肤光滑 ／28

猕猴桃葡萄汁 嫩肤抗皱 ／28

菠萝苹果香瓜汁 保湿嫩肤 ／29

葡萄柚苹果菠萝汁 美白肌肤 ／29

草莓芒果芹菜汁 美容润肤 ／29

桃子柠檬汁 美白补水 ／30

樱桃柚子菠萝汁 润肤防皱 ／30

番茄橘子汁 保持皮肤弹性 ／31

番茄草莓柳橙汁 保湿润肤 ／31

冬瓜苹果汁 润肤美白 ／32

甜椒番茄汁 美白抗衰 ／32

菠菜汁 嫩肤抗皱 ／33

洋葱黄瓜汁 抗皱洁肤 ／33

芹菜番茄柠檬汁 美白嫩肤 ／34

南瓜胡萝卜橙汁 紧肤嫩肤 ／34

黄瓜雪梨汁 保湿美白 ／34

CHAPTER **2**　祛痘淡斑抗皱

痘痘形成面面观 ／36

防治痘痘的饮食宜忌 ／37

色斑的预防 ／38

淡化色斑的方法 ／38

抗皱护肤的果蔬 ／39

祛痘淡斑抗皱果蔬汁 ／40

苹果油菜汁 减少色素沉着 ／40

草莓汁 避免色素沉着 ／40

草莓柠檬汁 ／抗皱润肤 41

草莓哈密瓜菠菜汁 祛痘亮肤 ／41

猕猴桃汁 消除雀斑 ／42

菠萝汁 淡化色斑 ／42

葡萄苹果芦笋汁 亮肤抗皱 ／43

柠檬汁 淡斑除皱 ／43

柠檬生菜汁 控油除痘 ／44

橙汁 美白祛斑 ／44

油梨柠檬橙汁 淡斑美肤 ／44

西瓜芦荟汁 祛痘润肤 ／45

哈密瓜酸奶汁 消斑除皱 ／45

红糖西瓜汁 控油洁肤 / 45

樱桃苹果汁 嫩肤除皱 / 46

桑葚汁 除皱抗痘 / 46

香瓜柠檬汁 淡斑补水 / 47

紫甘蓝汁 预防皮肤粗糙 / 47

胡萝卜木瓜菠萝汁 嫩肤除皱 / 48

胡萝卜红薯汁 淡化色斑 / 48

芹菜葡萄汁 控油补水 / 48

芹菜柠檬香瓜汁 美白祛斑 / 49

番茄甘蔗汁 抗皱淡斑 / 49

南瓜牛奶汁 除皱美白 / 50

莲藕蜜汁 淡斑润肤 / 50

莴笋汁 消积下气 / 61

芦笋洋葱汁 健胃消食 / 61

西蓝花菠菜葱白汁 补脾和胃 / 62

圆白菜菠萝汁 宽肠通便 / 63

圆白菜苹果汁 健脾益胃 / 63

黄瓜牛奶汁 理气健脾 / 64

苦瓜芹菜黄瓜汁 刺激胃肠蠕动 / 64

CHAPTER 4 清热利咽利尿

清热解毒可养颜美容 / 66

清热解毒的果蔬 / 66

利尿对身体的好处 / 67

利尿消肿的果蔬 / 67

清热利咽利尿果蔬汁 / 68

梨汁 清热润燥 / 68

白梨西瓜柠檬汁 利尿除烦 / 68

西瓜桃汁 利尿护咽 / 69

西瓜木瓜柠檬汁 清火除燥 / 69

西瓜苹果姜汁 利尿解暑 / 70

香蕉油菜汁 利尿消肿 / 71

甜瓜蜂蜜汁 利尿润燥 / 71

甜瓜酸奶汁 清热利尿 / 72

番茄芒果汁 清热利咽 / 72

白菜苹果汁 利水除烦 / 73

芹菜汁 清热利尿 / 73

芹菜芦笋汁 清热除烦 / 73

西芹南瓜汁 利尿消肿 / 74

冬瓜萝卜汁 清热利尿 / 74

冬瓜黄瓜汁 利水消肿 / 74

冬瓜白菜汁 清热利水 / 75

西蓝花芦笋汁 清热解毒 / 75

苦瓜洋葱汁 利尿排毒 / 76

胡萝卜油菜白萝卜汁 清热润燥 / 76

CHAPTER 3 健脾养胃消食

脾胃功效大揭密 / 52

脾虚的女人老得快 / 52

脾胃虚寒的信号 / 53

健脾消食的果蔬 / 54

健脾养胃消食果蔬汁 / 55

苹果猕猴桃汁 开胃消食 / 55

葡萄梨汁 促进胃肠蠕动 / 55

白梨无花果汁 健胃清肠 / 56

橘子苹果芹菜汁 健脾养胃 / 56

柳橙香瓜汁 和中开胃 / 57

猕猴桃香蕉汁 养胃消食 / 57

火龙果汁 排毒养胃 / 57

杨梅汁 和胃消食 / 58

菠萝柠檬汁 开胃消食 / 58

木瓜柳橙汁 开胃养胃 / 59

香瓜苹果汁 清热消食 / 59

甜椒草莓苹果汁 开胃促食 / 59

青椒胡萝卜姜汁 排毒促食 / 60

芹菜芦笋汁 刺激胃肠蠕动 / 60

CHAPTER 5　美发乌发润发

头发是一面反映健康的镜子 / 78

养发护发营养素 / 79

脱发的饮食注意事项 / 80

养发护发的果蔬 / 81

美发乌发润发果蔬汁 / 82

苹果芥蓝汁 改善发质 / 82

葡萄石榴汁 促进头发生长 / 82

香蕉火龙果牛奶汁 养发护发 / 83

黑芝麻香蕉汁 乌发护发 / 83

黑芝麻草莓汁 滋养毛发 / 83

橘子马蹄蜜汁 润发护发 / 84

西瓜雪梨莲藕汁 改善干枯发质 / 84

桑葚杨梅汁 补肾护发 / 85

木瓜橘汁 去除头皮屑 / 85

木瓜哈密瓜汁 修复毛发组织 / 85

红枣枸杞姜汁 补肾养发 / 86

白菜柿子汁 润发护发 / 86

胡萝卜苹果汁 抑制头皮屑 / 87

胡萝卜橘汁 预防脱发白发 / 87

胡萝卜苹果姜汁 养发润发 / 88

胡萝卜苹果莴笋叶汁 改善发质 / 88

促进新陈代谢是控制体重的关键 / 91

消脂瘦身美腿果蔬汁 / 92

葡萄柚汁 消除赘肉 / 92

葡萄柚菠萝汁 消脂燃脂 / 92

哈密瓜汁 分解脂肪 / 93

山楂汁 消脂开胃 / 93

火龙果乌梅汁 排毒减肥 / 93

猕猴桃杏汁 祛脂排毒 / 94

菠萝姜汁 纤体瘦身 / 94

草莓火龙果汁 降脂除烦 / 95

石榴草莓菠萝汁 排毒瘦身 / 95

山楂草莓柠檬汁 消脂瘦身 / 96

枇杷汁 促进脂肪分解 / 96

木瓜汁 减肥瘦身 / 97

番茄芹菜汁 排毒利尿 / 97

白萝卜汁 促进脂肪分解 / 97

白萝卜芹菜大蒜汁 防止脂肪沉积 / 98

白萝卜荠菜柠檬汁 清肠减肥 / 98

胡萝卜木瓜苹果汁 减肥瘦身 / 98

黄瓜汁 利尿消肿 / 99

黄瓜薄荷汁 排毒瘦身 / 99

西芹生姜汁 排毒消脂 / 100

西芹萝卜汁 减少脂肪堆积 / 100

西芹黄瓜菠菜汁 降压调脂 / 101

苦瓜芹菜汁 抑制脂肪吸收 / 101

洋葱胡萝卜汁 消脂排毒 / 102

紫甘蓝番茄甘蔗汁 消脂排毒 / 102

CHAPTER 6　消脂瘦身美腿

摄入高纤维膳食，想胖都难 / 90

减肥燃脂的果蔬 / 90

防胖瘦身的饮食原则 / 91

CHAPTER 7　调节免疫力

免疫力是人体最好的医生 / 104

提高免疫力的方法 / 105

提升免疫力一定要吃的果蔬 / 106

调节免疫力果蔬汁 / 107

雪梨芒果汁 调节内分泌 / 107

菠萝番茄汁 提高抵抗力 / 107

哈密瓜黄瓜马蹄汁 促进新陈代谢 / 108

红黄甜椒汁 抗氧化 / 108

秋葵汁 提高机体抗病能力 / 109

番茄山楂蜜汁 消除体内自由基 / 109

圆白菜蓝莓汁 提高免疫力 / 110

芹菜黄瓜海带汁 排毒、抗辐射 / 110

芹菜大蒜汁 增强体力与免疫力 / 110

黑芝麻酸奶木瓜汁 排毒、抗氧化 / 111

洋葱彩椒汁 抑菌、抗辐射 / 111

南瓜柑橘汁 预防感冒 / 112

茴香甜橙姜汁 促进血液循环 / 112

葡萄猕猴桃汁 护肝清肺 / 120

雪梨柚子汁 清热祛痰 / 120

西瓜鲜橙汁 抗氧化、利尿 / 121

番茄西蓝花汁 排毒养肺 / 121

白萝卜紫甘蓝苹果汁 清热润肺、止咳化痰 / 121

适合老年人常喝的果蔬汁 / 122

西蓝花果醋汁 改善血液循环 / 122

柳橙菠菜汁 调脂降压、促循环 / 122

芦荟香瓜橘汁 促进新陈代谢 / 123

丝瓜苹果汁 排毒抗衰 / 123

芹菜胡萝卜汁 凉血排毒 / 124

蜂蜜牛奶胡萝卜汁 调脂又润肺 / 124

CHAPTER 8 不同人群清肺抗霾果蔬汁

儿童：提高呼吸系统功能很重要 / 114

女性：润肺、洁肤、抗氧化 / 114

男性：清肺护肝保健康 / 115

老年人：促进新陈代谢、抗老化 / 115

适合儿童常喝的果蔬汁 / 116

葡萄猕猴桃马蹄汁 生津润燥 / 116

猕猴桃椰汁 帮助肺部排毒 / 116

百合圆白菜汁 增强肺部功能 / 117

白萝卜雪梨橄榄汁 润肺止咳 / 117

莲藕马蹄汁 生津润肺 / 117

适合女性常喝的果蔬汁 / 118

香瓜芹菜汁 润肺开胃 / 118

葡萄哈蜜瓜蓝莓汁 抗氧化 / 118

小白菜草莓汁 增强抗过敏能力 / 118

番茄彩椒香蕉汁 抗氧化、防癌 / 119

西蓝花胡萝卜汁 提高抗氧化能力 / 119

适合男性常喝的果蔬汁 / 120

CHAPTER 9 辨清体质巧调养

人体9种体质的自我判断 / 126

不同体质的饮食宜忌 / 128

适宜气虚体质的果蔬汁 / 130

香蕉菠萝圆白菜汁 醒脑提神 / 130

草莓蛋黄牛奶汁 补血益气 / 130

草莓雪梨汁 养肝益气 / 131

南瓜椰汁 补中益气 / 131

苹果橘子胡萝卜汁 理气补血 / 132

荔枝柠檬汁 补血养血 / 132

适宜阳虚体质的果蔬汁 / 133

樱桃南瓜汁 补血益气 / 133

菠萝桂圆红枣汁 温补阳气 / 133

猕猴桃菠菜油菜汁 疏肝养血 / 134

樱桃柚子汁 养血补虚 / 134

胡萝卜苹果醋汁 促进血液循环 / 135

胡萝卜荔枝樱桃汁 温肾助阳 / 135

南瓜红枣汁 暖身祛寒 / 135

适宜阴虚体质的果蔬汁 / 136

西瓜马蹄汁　滋阴润燥 / 136

猕猴桃雪梨汁　养阴清热 / 136

莲藕百合蜂蜜汁　清热润燥 / 137

白萝卜黄瓜汁　清热除燥 / 137

适宜痰湿体质的果蔬汁 / 138

火龙果菠萝汁　消肿祛湿 / 138

马蹄白萝卜番茄汁　利湿祛痰 / 138

冬瓜玉米汁　消痰祛湿 / 139

白萝卜莲藕汁　润肺祛痰 / 139

冬瓜苦瓜黄瓜汁　清热化湿 / 139

适宜湿热体质的果蔬汁 / 140

哈密瓜鲜枣汁　止渴清热 / 140

莲藕汁　清热消痰 / 140

西瓜莲藕汁　消暑益气 / 140

适宜血瘀体质的果蔬汁 / 141

橘子红枣红糖姜汁　活血散瘀 / 141

山楂圣女果汁　补血活血 / 141

莲藕甜椒汁　清热凉血 / 142

紫甘蓝油菜汁　活血化瘀 / 142

适宜气郁体质的果蔬汁 / 143

草莓山楂枸杞汁　疏肝理气 / 143

佛手芒果汁　解郁理气 / 143

白萝卜圆白菜汁　行气解郁 / 144

菠萝香蕉汁　改善焦虑情绪 / 144

适宜特禀体质的果蔬汁 / 145

芦荟苹果汁　消炎镇静 / 145

紫甘蓝猕猴桃汁　增强抗过敏能力 / 145

紫甘蓝白萝卜汁　止痒除湿 / 146

胡萝卜苦瓜草莓汁　改善过敏体质 / 146

CHAPTER
10
每天一小杯，
调理亚健康

消除疲劳，多喝补充体力的果蔬汁 / 148

缓解压力，多喝降压解郁的果蔬汁 / 148

赶走便秘，多喝富含膳食纤维的果蔬汁 / 148

促进睡眠，多喝镇静安神的果蔬汁 / 149

缓解视疲劳，多喝明目益肝的果蔬汁 / 149

预防骨质疏松，多喝含钙丰富的果蔬汁 / 149

减轻肢体酸痛，多喝活血通络的果蔬汁 / 149

消除疲劳果蔬汁 / 150

葡萄哈密瓜蓝莓汁　消除疲劳 / 150

西瓜薄荷汁　清新怡神 / 150

香蕉苹果汁　补充体力 / 151

菠萝甜椒杏仁汁　开胃强体 / 151

牛油果橙子汁　强体抗压 / 151

缓解压力果蔬汁 / 152

芒果椰汁　提神减压 / 152

香蕉蓝莓汁　缓解压力 / 152

山药黄瓜汁　降压补虚 / 153

芹菜菠萝汁　减压醒脑 / 153

赶走便秘果蔬汁 / 154

苹果油菜汁　润肠通便 / 154

芒果柳橙汁　清肠排毒 / 154

香蕉火龙果汁　通便排毒 / 155

猕猴桃柳橙汁　润燥通便 / 155

白菜汁　利肠通便 / 155

促进睡眠果蔬汁 / 156

葡萄生菜梨汁　安神助眠 / 156

香蕉红枣汁　养血安神 / 156

香瓜生菜蜜汁　镇痛催眠 / 157

菠菜苹果汁　镇静安神 / 158

莲藕红枣蜜汁　清心安神 / 158

缓解视疲劳果蔬汁 / 159

桑葚葡萄汁　乌发明目 / 159

胡萝卜汁　补肝明目 / 159

胡萝卜芹菜苹果汁　明目降火 / 160

苦瓜菠菜汁　清心明目 / 160

预防骨质疏松果蔬汁 / 161

脐橙西蓝花白菜汁　减少钙的流失 / 161

西蓝花洋葱汁　补钙健骨 / 161

圆白菜菠菜汁　补钙强身　/ 162
紫菜洋葱汁　强身健骨　/ 162
减轻肢体酸痛果蔬汁 / 163
荔枝石榴汁　理气止痛　/ 163
莲藕苹果汁　活血镇痛　/ 163
菠菜苦瓜萝卜汁　和中理气　/ 164
白菜莲藕汁　止痛养血　/ 164

鸭梨香瓜汁　祛痰止咳　/ 174
橘子柠檬汁　润肺止咳　/ 174
莲藕橘皮蜜汁　止咳化痰　/ 174
白萝卜番茄汁　镇咳化痰　/ 175
白菜柠檬葡萄汁　滋阴润肺　/ 175
防治腹泻果蔬汁 / 176
紫甘蓝苹果汁　调理肠道　/ 176
石榴苹果柠檬汁　涩肠止泻　/ 176
乌梅番茄汁　收敛生津　/ 177
圆白菜柠檬汁　抗菌消炎　/ 177
防治肝炎果蔬汁 / 178
葡萄橙汁　利胆护肝　/ 178
菠萝猕猴桃汁　疏肝消炎　/ 178
山楂胡萝卜汁　保肝降压　/ 179
西芹菠菜汁　养肝醒脾　/ 179
芹菜白菜汁　平肝清热　/ 179
防治肾炎果蔬汁 / 180
桑葚枸杞汁　补肾养肝　/ 180
山药黄瓜汁　强肾健脾　/ 180
南瓜菠菜汁　健脾保肝　/ 180
防治高血压果蔬汁 / 181
火龙果苦瓜汁　降脂降压　/ 181
西芹白菜洋葱汁　利尿降压　/ 181
圆白菜芹菜汁　消脂降压　/ 182
黄瓜大蒜牛奶汁　改善动脉硬化　/ 182
防治糖尿病果蔬汁 / 183
葡萄柚菠菜汁　控糖降脂　/ 183
黄瓜青椒西芹汁　降脂控糖　/ 183
西蓝花芹菜苹果汁　清热消渴　/ 184
洋葱芹菜汁　控糖降压　/ 184
防治贫血果蔬汁 / 185
桂圆红枣汁　养血补虚　/ 185
榴莲果汁　补血益气　/ 185
樱桃甘蔗汁　补血理气　/ 185
缓解更年期症状果蔬汁 / 186
苹果姜汁　缓解更年期不适　/ 186

CHAPTER 11 对症调理，防病治病

感冒，多喝富含维生素C的果蔬汁 / 166
发热，多喝清热解毒的果蔬汁 / 166
咳嗽，多喝清肺止咳的果蔬汁 / 166
腹泻，多喝收敛止泻的果蔬汁 / 167
肝炎，多喝保肝护肝的果蔬汁 / 167
肾炎，选择调节电解质的果蔬汁 / 167
高血压，多喝利尿降压的果蔬汁 / 168
糖尿病，选择低糖的果蔬汁 / 168
贫血，多喝补血的果蔬汁 / 169
更年期症状，多喝去火除烦的果蔬汁 / 169
防治感冒果蔬汁 / 170
圣女果圆白菜汁　消炎解毒　/ 170
洋葱胡萝卜李子汁　疏风散寒　/ 170
莲藕菠萝柠檬汁　清热除烦　/ 171
紫甘蓝洋葱汁　杀菌消炎　/ 171
豆芽番茄草莓汁　清热消炎　/ 171
防治发热果蔬汁 / 172
雪梨橘汁　利尿去火　/ 172
丝瓜雪梨汁　疏散风热　/ 172
苦瓜黄瓜汁　清热解毒　/ 173
苦瓜蜂蜜姜汁　解热除烦　/ 173
防治咳嗽果蔬汁 / 174

蜂蜜柚子雪梨汁 清热除燥 / 186

红景天葡萄汁 降压解郁 / 186

CHAPTER 12 美味豆浆 轻松做

不可小瞧的豆浆功效 / 188

百搭制出美味豆浆 / 188

豆浆饮食宜忌 / 189

健康美味豆浆 / 190

黄豆豆浆 美白肌肤、延缓衰老 / 190

黑豆豆浆 强身补肾、强体美发 / 190

红豆豆浆 祛湿化瘀、养血补气 / 191

绿豆豆浆 清热解毒、护肝明目 / 191

青豆豆浆 健脾祛湿、润燥利水 / 191

豌豆豆浆 祛斑美白、润肤驻颜 / 192

燕麦红枣豆浆 益气养血、延缓衰老 / 192

黑芝麻豆浆 养肝补肾、养颜乌发 / 192

枸杞豆浆 滋补肝肾、益精明目 / 193

白果豆浆 润肺益肾 / 193

杏仁豆浆 润肺通便 / 194

红枣枸杞豆浆 补虚益气 / 194

红枣莲子豆浆 养血安神 / 195

百合莲子豆浆 清心润肺 / 195

莲子山药豆浆 健脾益肾 / 196

核桃黑芝麻豆浆 补肾健脑 / 196

山药红薯豆浆 补气护肝 / 197

南瓜豆浆 补中益气 / 197

小米枸杞豆浆 润肤养颜 / 197

茉莉花豆浆 解郁抗压 / 198

菊花绿豆豆浆 平肝明目 / 198

雪梨大米黑豆豆浆 滋阴润肺 / 199

糯米黑豆豆浆 补中益气 / 199

糯米双黑豆浆 滋补肝肾、益气养血 / 200

银耳百合黑豆豆浆 润燥养血 / 200

CHAPTER 13 利用榨汁机 DIY护肤面膜

DIY面膜注意事项 / 202

面膜的正确涂抹方法 / 202

DIY面膜常用工具 / 204

DIY面膜常用材料 / 205

DIY护肤面膜 / 206

西瓜蛋清面膜 补水嫩肤 / 206

香蕉豆浆面膜 祛痘控油 / 206

橄榄油蜂蜜面膜 润肤保湿 / 206

菠萝蜂蜜面膜 祛斑美白 / 207

猕猴桃黄瓜面膜 祛斑润肤 / 207

柠檬酸奶面膜 晒后修复 / 207

胡萝卜蛋黄面膜 控油抗衰 / 208

苦瓜绿豆面膜 抗菌消炎 / 208

薏米牛奶面膜 美白抗皱 / 208

绪论
Introduction

如何才能用好榨汁机

选择适合自己的榨汁机

随着人们生活需求的不断提高，榨汁机已成为厨房中必不可少的小家电。那么如何选择榨汁机呢？现在我们来告诉你怎样才能挑选到适合自己的榨汁机。

市场上的榨汁机主要分三大类：低速挤压式榨汁机、搅拌式榨汁机、多功能料理机。

低速挤压式榨汁机

当听到"挤压式"这个名字，就会想到榨取果蔬汁时，把果汁从水果里面挤出来的感觉，而不是通过搅拌式的方法绞碎。低速挤压式榨汁机在榨取果蔬汁的时候，主要是靠机器内部的一根螺旋杆低速旋转，把果蔬进行挤压，然后再研磨榨出汁，让汁和果渣进行分离，汁从出汁口流出，果渣从排渣口排出。

● 优缺点

优点：榨取果蔬汁过程中，机器发出的噪声小；适合榨比较脆的果蔬，出汁率高，榨出的果渣很干，不浪费，对于叶菜类的出汁率也能令人满意。

缺点：榨取果蔬汁之前，果蔬需要切成很小的块，再一点一点地填进去榨，费时费力；榨出的汁较稠，尤其是多纤维果蔬，榨完汁后看上去呈糊状。

◆ 使用说明

1. 将食物切成适合榨汁机入口大小的块。

2. 插上电源，并保证稳固。

3. 启动机器，确认电机运转正常。

4. 将食物放进杯体内，保持匀速推进、避免过快过猛的动作，以免发生危险。

5. 食物处理完毕后先拔下电源，再将处理好的食物倒出。

◆ 注意事项

1. 榨完汁后，将榨汁机与电源断开，分离杯桶与主机。先把机器简单清理一下，不要让机器中的果渣等杂物凝结，这样会给接下来的清洁带来一定的麻烦。

2. 有条件的可将刀头拆卸下来，但次数不宜过于频繁，刀头处容易缠绕果蔬及食物的纤维或残渣，应先顺着缠绕的方向将残渣拽出，再用水冲洗。

3. 家里有废旧的小毛刷或牙刷不要丢弃，它们在清理小地方的时候很有用。

4. 外观的清洁比较简单，用抹布擦拭即可，切记不能用水冲洗，或者用硬物刮洗，以免造成表面损坏；底座不能浸水，以免电机的绝缘部分被破坏。

搅拌式榨汁机

搅拌式榨汁机的主要部分有电机、搅拌杯与碾磨盒。其中电机是搅拌机的核心部件，用于驱动各种刀具的转动。而开关锁定之后，搅拌杯中的刀片就可以通过高速转动来快速切削食物，逐渐把食物打成汁或浆。

● 优缺点

优点： 价格低廉，体积小，重量轻，噪声小，操作简单，清洗方便，能加工多种食物。另外，搅拌式榨汁机榨出的果蔬汁，由于不会破坏食物中的纤维，因此，加工出来的食物营养更丰富。除了可以用来榨果蔬汁，也可以进行调味料的研磨，比如加工花椒粉、辣椒粉等。

缺点： 在榨汁时需要加水，否则只能搅拌出果蔬糊。由于不具备加热功能，在制作豆浆时，还需进行二次加工（熬煮后）才能食用。

● 使用说明

1. 详细阅读榨汁机的使用须知。
2. 将需要加工的食材切成大小适中的方块放入搅拌杯中。
3. 按照食材的不同，根据说明书安装相应的刀具。
4. 将装好食材的容器安装到主机上，接通电源，榨汁机便会在驱动下工作。
5. 加工完成后将搅拌杯的入口处朝上，将刀刃旋转分离。
6. 对榨汁机进行清洗时，擦干水分后将榨汁机收好就可以了。

● 注意事项

1. 使用时，必须将榨汁机平放在工作台面上，并严格按照说明书的要求进行操作使用。
2. 榨汁前，首先确认滤网、刀具与外盖是否存在硬性碰撞，如果出现异响，需先将电源切断，处理故障后再使用。
3. 使用中，不要揭开杯盖，切勿把手或其他器具放入杯内，否则会发生伤害事故或损坏机器。
4. 每次操作完毕后，需将电源线插头拔下，方可将食物取出。
5. 清洗时，主机严禁用水冲洗，可用湿布擦拭干净。其他部件可直接放入水中用食物洗涤剂冲洗。

多功能料理机

多功能料理机是加工机、搅拌机、果汁机等多功能集于一身的机器，如榨果蔬汁、打豆浆、磨干粉、绞肉馅、做刨冰、调配美容面膜等。

● 优缺点

优点： 外观精致，出汁率高，噪声小，操作简单，易清洗。多功能料理机多能进行速度调节，对于软质果蔬、硬质食材都可轻松处理。另外，多功能料理机都装有安全启动装置及过热保护装置，不会因电机过热而造成危险。

缺点： 由于功能较多，价格相对昂贵，操作繁琐。另外，由于不具备加热功能，在制作豆浆时，还需进行二次加工（熬煮后）才能食用。

● 使用说明

1. 根据说明书按照食材安装十字形或一字形刀片。
2. 把刀片完全旋转后安装于容器上。
3. 研磨较硬或水分少的食材时，会引起空转现象。
4. 把附有刀片的容器组装于主机之后，向下压并按提示方向旋转即可。
5. 完成榨汁、粉碎工作后，让容器的入口处朝上，并旋转刀刃即可完成分离。

● 注意事项

1. 产品输入电压为交流220伏，请确认后再使用。
2. 加工完后，需等刀片的旋转完全停止后方可将杯体从主机上取下。
3. 当电机发热严重时热保护装置会自动切断电源保护电机，冷却后才能恢复启动（约需20分钟）。
4. 十字刀座主要用于加工流体或块状食物（各种果蔬块）；一字刀座主要用于加工干果类食物（米粒、豆类、干辣椒等）。
5. 杯体与刀座连接时，应旋紧到位，以防渗漏或产生脱落故障。
6. 请勿将过热的食物放进杯内，以免造成杯体变形。
7. 请勿空载（无食物时）或超载（实物量大于杯子容积2/3）运行。
8. 严禁将主机浸泡在水中清洗。

玩转榨汁机
让你变美变瘦变健康

制作果蔬汁的注意事项

越来越多的朋友在家自制各种各样的果蔬汁，但是，自制果蔬汁虽好，也有很多需要大家注意的。在制作加工过程中，操作方法不正确，容易导致营养素的大量损失，所以在自制果蔬汁时要注意以下几点：

● 榨汁前切记清洗干净

果蔬汁都是直接榨汁生食饮用，最好去皮或是确保冲洗干净，以防病从口入。

● 选择当季的蔬果

应季的水果、蔬菜营养丰富、物美价廉，农药使用量也少，是制作果蔬汁的首选。

● 蔬菜、水果互相搭配

将不同营养的蔬菜、水果进行搭配，可以为人体补充多种营养素。此外，还可根据需要添加牛奶和酸奶，做出的果蔬汁营养更丰富。

● 现榨现饮

鲜榨果蔬汁含有丰富的营养，但是如果放置时间过久，营养成分就会慢慢流失。

喝果蔬汁的黄金时间

1. 每天早晨喝一杯果蔬汁，可以增加活力并帮助排便。所以，早餐时喝一杯鲜榨果蔬汁，可以补充身体所需的水分和营养。但要注意的是，空腹时不要喝酸度较高的果蔬汁，最好先吃一些主食再喝，以免胃部不适。同时，喝果蔬汁的时候最好不要一饮而尽，而要细酌慢品，量也不宜太多。

2. 除了早餐时间以外，两餐之间也适宜喝果蔬汁。不过这时候喝果蔬汁的目的不在于"开胃"，而在于摄取它的营养。果蔬汁中含钾、磷、铁、硒、维生素C、胡萝卜素等营养素以及多种抗氧化活性物质，可以起到补充体力和营养的作用。

果蔬的五性、五味与归经

　　凡是食物都具有寒、凉、温、热、平等属性，人们可利用食物性味来调整人体气血阴阳，中医理论称之为五性。据《神农本草经》记载，"疗寒以热药，疗热以寒药"。另外，食物又具五味，有酸、辛、苦、甘、咸五种滋味。在食用果蔬汁前，应先了解各种果蔬的性味，再根据自己的体质有针对性地食用，才能选对食物，吃出健康。

♦ 果蔬的五性

　　果蔬的五性是指寒、凉、温、热、平。果蔬的性质并不是一成不变的，不同加工方式、不同食材搭配，均会影响它的属性。

四性	功效	主要蔬果	适合群体
寒性	清热、解暑、降火、凉血，可以清除或减轻热证	蔬菜：生莲藕、芦笋、苦瓜、番茄、冬瓜等 水果：西瓜、香瓜、香蕉、哈密瓜、柚子、甘蔗、荸荠等	适合热性体质、热病者
凉性		蔬菜：黄瓜、芹菜、白菜、丝瓜、白萝卜、莴笋等 水果：猕猴桃、苹果、橙子、草莓、枇杷、橄榄、梨等	
温性	温中助阳、祛寒补温，具有消除寒证的效果	蔬菜：韭菜、蒜苗、蒜薹、洋葱等 水果：荔枝、桂圆、山楂、红枣、桃子、杨梅、樱桃、石榴等	适合寒凉性体质、寒病者
热性		蔬菜：生姜、大蒜、香菜等 水果：榴莲等	
平性	开胃健脾、补虚强身、帮助消化	蔬菜：菠菜、圆白菜、胡萝卜等 水果：橘子、葡萄、李子等	适合各种体质人群

● 果蔬的五味与归经

果蔬的五味也就是我们常说的甘（也称之为甜）、酸、苦、辛（包括辣）、咸这五种滋味。它们不光决定食物的味道，和健康更是息息相关。在我国传统医学《黄帝内经》中就介绍了五味与五脏的对应关系，即"酸入肝，辛入肺，苦入心，咸入肾，甘入脾"。五脏各主其味，食物进入哪一个脏腑就会对其产生滋养作用。

味道	功效	归经	食用禁忌	主要蔬果
甘（甜）	健脾和胃、补虚益气、生津、解毒、消除疲劳	入脾经	食用过量甜食会使血中葡萄糖浓度过高，引起糖尿病、高脂血症、动脉硬化、骨质疏松等疾病，从而危害健康	南瓜、胡萝卜、西瓜、红枣、荔枝、樱桃、桂圆
酸	生津止渴、健胃消食、敛汗祛湿、杀菌防病	入肝经	患有感冒，咳嗽、痰多，排尿不畅等症状的人不宜食酸，因为酸有"收敛"的功效，不利于病邪的排出。有消化性溃疡或是胃酸过多的人也不宜多食酸味食物	番茄、乌梅、葡萄、山楂、橘子、杨梅、柠檬
苦	清热去火、健脾燥湿、增进食欲、清心明目、健脑安神、泻热排毒	入心经	苦味食物多数为寒性或凉性，女性经期过度食用，可使经脉凝涩、血行受阻，容易导致经行不畅；大便稀溏、脾胃虚寒患者，也不宜过多食用苦味食物	苦瓜、芥蓝、莴笋、葡萄柚
辛（辣）	消积行气、温胃消食、祛风除湿、理气止痛、促进血液循环	入肺经	热病、结核、慢性支气管炎、甲亢以及高血压患者应忌食辛辣食物；便秘、痔疮患者大量食用辛辣食物会加重病症	洋葱、青椒、大蒜、大葱、生姜
咸	泻下通便、凉血润燥、清热化痰、软坚散结	入肾经	成人每日盐的摄入量应不超过6克，长期高盐饮食会导致心脑血管疾病、糖尿病、高血压等。所有的肾脏病患者也要注意低盐饮食	紫菜、海带、橄榄

解开果蔬的色彩密码

果蔬的颜色不同，营养成分也不同，红、黄、绿、紫、黑、白等不同颜色的食物，营养特点也各异。

♦ 红色果蔬

番茄、红椒、草莓、西瓜、红心柚、红枣、山楂等

红色果蔬富含番茄红素、胡萝卜素、维生素C、铁，是碳水化合物、膳食纤维、B族维生素和多种矿物质的重要来源，通常具有抗氧化、调节免疫力、预防衰老、抑癌的作用，同时还能补血降脂、预防心脑血管疾病。

♦ 黄色果蔬

胡萝卜、南瓜、黄花菜、姜、菠萝、橘子、柠檬、芒果等

黄色果蔬含有丰富的维生素C、胡萝卜素，具有抗氧化作用，能够清除人体内的氧自由基和有毒物质，在预防疾病、防辐射、延缓衰老方面起到一定功效。

♦ 绿色果蔬

圆白菜、芦笋、菠菜、黄瓜、苦瓜、青椒、猕猴桃、橄榄等

绿色果蔬含有维生素C、膳食纤维、钾等，具有疏肝强肝、排毒促便、防癌抗癌等作用。不仅如此，从心理方面讲，经常吃绿色果蔬还可以舒缓压力。

♦ 紫色果蔬

紫甘蓝、紫洋葱、紫皮葡萄、桑葚等

紫色果蔬中含有最特别的一种物质花青素，具有很强的抗氧化能力，可预防高血压、减缓肝功能损伤、改善视力、防癌抗癌。

♦ 黑色果蔬

紫苏、蕨菜、蓝莓、乌梅、黑枣、桑葚等

黑色果蔬一般含有铁、钾、钙等矿物质，具有乌发美发、延缓衰老、补血补虚等功效。

♦ 白色果蔬

山药、白萝卜、冬瓜、菜花、莲藕、香蕉、百合、梨、荔枝等

白色果蔬含有水分、淀粉、多糖类物质等，具有滋阴润肺、止咳化痰、调节免疫力等作用。

CHAPTER

1

美白嫩肤养颜

人们常用"肤如凝脂""吹弹可破"等词
来形容女人水润滑嫩的皮肤。
嫩肤重在补水防晒，
俗话说：一白遮三丑。
可见美白是女性皮肤护理的一大要务。

美白嫩肤必需的营养素

食物中美白嫩肤养颜的营养素，不仅可以改善皮肤干燥、粗糙、脱皮等问题，还可以从内调养滋润皮肤，让你吃出娇嫩美肤。

维生素A——最佳"营养保湿剂"

维生素A是机体必需的营养素，它以不同方式影响机体的组织细胞，对于女性的皮肤保养和机体抗衰有着重要的作用。维生素A能够有效改善肌肤的锁水功能，并加强肌肤的抗氧化功能，从而能够保持肌肤水分，恢复肌肤的水润弹性，延缓皮肤衰老。

另外，维生素A可以调节皮肤表皮及角质层的新陈代谢，抵抗细菌及辐射危害，让皮肤柔软细嫩，有防皱祛皱功效。一旦缺乏维生素A，上皮细胞的功能减退，会导致皮肤弹性下降、干燥、粗糙、失去光泽。

♦ 富含维生素A的果蔬

胡萝卜

胡萝卜中含有丰富的胡萝卜素，在肠道中经酶的作用后可变成人体所需的维生素A，刺激皮肤的新陈代谢，促进血液循环而使皮肤细嫩光滑，肤色红润，起到美容健肤的作用。另外，皮肤干燥、粗糙，或患毛发苔藓、黑头粉刺、角化型湿疹者，服用维生素A制剂也能起到一定的作用。

橘子

橘子含果酸、胡萝卜素、维生素C，可使皮肤抵抗力增强，缓解皮肤干燥状态，达到健肤美容的功效。将橘子汁挤出直接在面部涂擦，可使肌肤变得清爽不腻。常用橘子汁擦脸，可达到嫩肤效果。

南瓜

南瓜中丰富的胡萝卜素在机体内可转化成具有重要生理功能的维生素A，对上皮组织的生长分化、维持正常视觉、促进骨骼的发育具有重要生理功能。能够滋润肌肤，使肌肤恢复润泽，以抵抗肌肤干燥引起的肌肤衰老问题。

玩转榨汁机
让你变美变瘦变健康

维生素C——淡斑、抗氧化

维生素C是一种抗氧化剂，具有捕捉游离的氧自由基、还原黑色素、促进胶原蛋白合成的作用，可以有效地强化肌肤对抗日晒伤害的能力。这是由于维生素C可抑制黑色素的生成，黑色素一旦产生，维生素C还可使其变淡。

维生素C除具有美白作用外，还可促进胶原蛋白的生物合成，有利于伤口愈合、防止牙龈出血等。

维生素C还能促进铁、钙和叶酸的利用，改善脂质的代谢，预防心血管疾病的发生。

许多果蔬均含有丰富的维生素C，如猕猴桃、橘子、柠檬、鲜枣、青椒、苦瓜、番茄等。

● 富含维生素C的果蔬

猕猴桃

猕猴桃中维生素C的含量在水果中名列前茅，一个猕猴桃能提供一个人一日维生素C的需求量，故被誉为"维C之王"。另外，猕猴桃中含有的血清素具有稳定情绪、镇静心情的作用。

橘子

橘子含有丰富的维生素C，还含有多种植物化合物，是天然的抗氧化食物。

鲜枣

每100克鲜枣中的维生素C含量可达243毫克。每天吃十颗鲜枣，即可满足人体一天的维生素C供应。适量食用鲜枣可增强免疫力、抵抗感冒。

青椒

青椒富含维生素C，具有开胃促食、活血生津的作用。

苦瓜

苦瓜的维生素C含量很高，具有预防坏血病、保护细胞膜、防止动脉粥样硬化、提高机体应激能力、保护心脏等作用。另外，苦瓜中的苦瓜素被誉为"脂肪杀手"，能促进体内脂肪分解代谢，所以也是人们减肥瘦身的佳品。

维生素E——延缓肌肤老化

　　维生素E具有强大的抗氧化能力，它可以阻断细胞膜中过氧化物的形成，使细胞免受自由基的损害，从而保持细胞的活力和正常功能。同时，维生素E能够稳定细胞的蛋白活性结构，直接帮助细胞抵抗紫外线辐射的侵害，防止皮肤因为隐形伤害而失去弹性、提早老化。

　　另外，维生素E还可以调节雌激素。雌激素对女人的内分泌和身体发育发挥着重要的作用，还会影响皮肤和容颜。维生素E可以使女性雌激素浓度增加，避免因雌激素不足造成的月经紊乱、不孕不育和皮肤老化等问题。

● 富含维生素E的果蔬

猕猴桃

众所周知猕猴桃维生素C的含量很高，却不知猕猴桃中的维生素E的含量在水果中也是佼佼者。猕猴桃含有抗氧化物质，能够增强人体免疫功能，不但能抑制黑色素的产生，还可以防止面部黄褐斑，并对减肥瘦身、美容养颜有独特的功效。

紫甘蓝

紫甘蓝能够提供具有抗氧化作用的成分：维生素E、β-胡萝卜素，这些抗氧化成分能够保护身体免受自由基的损伤，并有助于细胞的更新，对于维护皮肤健康十分有益。另外，因为紫甘蓝的热量很低，还能达到减肥瘦身的目的。

菠菜

菠菜也是含维生素E较为丰富的蔬菜，有很强的抗氧化能力，既能减缓衰老，又能清洁毛孔，减少皱纹及色素斑，有助于保持皮肤光洁。

钙——健骨强身

钙是人体骨骼和牙齿的重要组成成分。钙使身体具有坚硬的结构支架，表现在外形上，就是腰背笔直、身材挺拔。美丽需要钙支撑，为了骨骼健康、身姿挺拔、体态优美，一定要保证体内钙的充足。

● 富含钙的果蔬

豌豆

豌豆富含钙质，可以起到补钙的作用。另外，《本草纲目》里记载，豌豆具有"祛除面部黑斑，令面部有光泽"的功效。豌豆还有消肿、嫩肤的功能，能减缓眼角皱纹。

油菜

油菜是低热量、高钙的健骨蔬菜，每100克油菜含钙量达153毫克。钙有利于促进脂肪的代谢，常食可减肥排毒。

铁——改善肤色

补血是女性保健养生中永不过时的话题，女性要想健康美丽气色好，一定要气血充沛，而补铁又是补血过程中主要的环节。补铁具有防治缺铁性贫血、调节血气、润肤、改善黑眼圈等作用。

● 富含铁的果蔬

鲜枣

鲜枣营养丰富，富含维生素C、膳食纤维和铁，具有帮助消化、养颜美容等保健作用。

樱桃

樱桃是常见的补铁水果，适量食用樱桃可预防贫血，还能滋润嫩白皮肤，防止黑色素形成。

不同年龄段的护肤真相

肌肤会随着年龄的增长而呈现不同的状态，因此护肤方法也不一样，各有侧重。

♦ 20岁的护肤重点：水油平衡，收缩毛孔，积极防晒

这是人体内分泌最旺盛的时期，皮脂腺分泌加强，毛孔变得粗大，还会出现恼人的痘痘。这个时候如果不好好护理毛孔，这些毛孔就会在你脸上形成永远的"洞洞"，所以一定要去除多余油脂，控制油脂分泌，调理水油平衡，收缩毛孔。

护肤手法： 年轻的肌肤具有天然的优势，新陈代谢活跃，吸收力旺盛，皮肤耐受性好，对护肤品和使用手法不是很挑剔，传统的打圈手法就可以了。在打圈的时候要坚持从下往上、由里而外的顺序，到鼻子部位则倒过来。

♦ 30岁的护肤重点：抗衰老，祛斑，提亮肌肤

30岁开始，皮肤逐渐出现色斑、色素沉着等问题。这时候需要使用营养成分丰富的精华加速细胞活性，促进新陈代谢，同时要更加注意补水，还应该使用一些具有淡斑美白的护肤品。

护肤手法： 可将护肤品先放在手心，双手合十，将其稍稍捂热，然后用指腹和手掌按压在脸上，局部按压完之后，搓热双手，以手掌进行全脸的按压，用手掌的温度促进护肤品的吸收。

♦ 40岁的护肤重点：紧肤，重塑轮廓

当进入40岁，肌肤弹性下降，脸也开始出现松垮现象。因为胶原蛋白流失，皱纹也开始加深，肌肤更加脆弱松弛，所以在涂护肤品时要注意方法，以免伤害肌肤。

护肤手法： 护肤品使用方法和30岁一样，采用双手加热后按压的方法。可在医生的指导下进行激素治疗，延迟更年期的到来，也可定期使用抗衰护肤品。

玩转榨汁机
让你变美变瘦变健康

苹果汁

原料

苹果250克。

做法

1. 苹果洗净（可以不去皮），去核，切成小块。
2. 将苹果块放入榨汁机中，加少量凉白开到机体水位线间，搅打均匀即可。

营养功效

苹果中含有维生素C、膳食纤维，可帮助消除体内垃圾，保持皮肤细嫩红润，从而起到保湿美白的作用。

保湿
美白

Tips 苹果皮中黄酮类化合物含量较高，具有消炎、抗过敏、修复细胞等多重功效。

苹果菠萝汁

原料

苹果100克，菠萝150克，盐适量。

做法

1. 苹果洗净，去核，切成小块；菠萝去皮，切成小块，放盐水中浸泡15分钟。
2. 将苹果块、菠萝块放入榨汁机中，加凉白开到机体水位线间，接通电源，搅打均匀后倒入杯中即可。

养生功效

此品具有丰富的维生素，不仅能美白养颜，使皮肤润泽、透亮，还能淡化面部色斑，促进肌肤新陈代谢，使皮肤保持健康状态。

美白
养颜

保湿
润肤

养生功效

雪梨含有丰富的
B族维生素，李子
含有蛋白质、钙、
磷等营养成分，蜂
蜜含有果糖，三者
一同榨汁饮用，可
以使皮肤细腻、嫩
滑、富有弹性。

雪梨李子蜂蜜汁

原料

雪梨1个，李子3~4颗，蜂蜜适量。

做法

1. 雪梨洗净，去皮、去核，切小块；李子洗净，去皮、去核。
2. 将雪梨块与李子一起放入榨汁机内，加适量凉白开搅打成汁，滤出果肉，调入蜂蜜即可。

润肤
防衰

养生功效

芒果的胡萝卜素
含量很高，具有润
泽肌肤的作用，是
女性美容护肤的
佳品。

芒果汁

原料

芒果200克。

做法

1. 芒果洗净，剥皮、去核，切成小块。
2. 将芒果块放入榨汁机内，加适量凉白开搅打成汁，滤出果肉即可。

Tips 为了提高芒果汁的口感，也可以在榨汁前添加一点柠檬汁或蜜糖，口味更佳。

保湿
补水

养生功效

西瓜汁富含水分，
还含有瓜氨酸、精
氨酸等多种具有
皮肤生理活性的
氨基酸，对皮肤的
滋润、保湿、防
晒、美白有很好的
效果。

西瓜汁

原料

西瓜200克，柠檬1/2个，蜂蜜适量。

做法

1. 西瓜洗净，去皮、去子，切小块；柠檬洗净，去皮、去子，切小块。
2. 将西瓜、柠檬与蜂蜜一起放入榨汁机内搅打成汁，滤去果肉即可。

西瓜橘子番茄汁

美容
护肤

原料

西瓜200克，番茄、橘子各100克。

做法

1. 西瓜洗净，去皮、去子，切小块；番茄洗净，去皮、去蒂，切小块；橘子洗净，去皮、去子，掰成瓣。
2. 将西瓜、番茄、橘子放入榨汁机中榨汁，滤去果肉即可。

养生功效

本品含有葡萄糖、苹果酸、果糖、番茄红素及丰富的维生素C等物质，可以增加皮肤弹性、减少皱纹。

Tips 西瓜含糖量约5%，且主要是葡萄糖、蔗糖和部分果糖，也就是说吃西瓜后易致血糖增高。糖尿病患者不宜过多饮用，否则会使血糖升高。

料理小妙招

洗完番茄后，用刀子将番茄的皮轻轻划开成橘瓣状，放入沸水中泡40秒，皮就会自动裂开。捞出番茄入冷水中，能快速去皮。但需注意，用刀划皮时不要过深，破皮即可。

香蕉汁

原料

香蕉200克。

做法

1. 香蕉洗净，去皮，切成小块。
2. 将香蕉块放入榨汁机中，加凉白开到机体水位线间，接通电源，搅打均匀后倒入杯中即可。

养生功效

本品具有美白肌肤、清热润肠、促进肠胃蠕动、防治便秘的功效。

美白护肤

保持肌肤光滑

养生功效

本品有抗氧化、润肤嫩肤的功效。

香蕉番茄汁

原料

香蕉200克，番茄100克。

做法

1. 香蕉洗净，去皮，切小块；番茄洗净，去皮、去蒂，切小块。
2. 将香蕉块与番茄块放入榨汁机中，加凉白开到机体水位线间，接通电源，搅打均匀后倒入杯中即可。

猕猴桃葡萄汁

原料

葡萄150克，猕猴桃100克。

做法

1. 葡萄洗净，去子；猕猴桃洗净，去皮，切小块。
2. 将葡萄、猕猴桃块放入榨汁机中，加凉白开到机体水位线间，接通电源，搅打均匀后倒入杯中即可。

养生功效

本品具有嫩肤抗皱、清除自由基、美白肌肤、延缓肌肤衰老、消除疲劳等功效。

嫩肤抗皱

菠萝苹果香瓜汁

原料

菠萝、苹果、香瓜各100克，盐适量。

做法

1. 菠萝去皮，切小块，放入盐水中浸泡约15分钟；苹果、香瓜分别洗净，去皮及子核，切小块。

2. 将所有食材放入榨汁机中，加凉白开到机体水位线间，接通电源，搅打均匀后倒入杯中即可。

保湿嫩肤

养生功效

本品具有保湿嫩肤、消暑清热、生津止渴、调理肠胃、通便利尿等功效。

美白肌肤

养生功效

本品具有润泽肌肤、养颜排毒的功效。

葡萄柚苹果菠萝汁

原料

葡萄柚200克，苹果100克，菠萝50克，盐少许。

做法

1. 葡萄柚、苹果分别洗净，去皮及子核，切小块；菠萝去皮，切小块，放入盐水中浸泡约15分钟。

2. 将所有食材放入榨汁机中，加凉白开到机体水位线间，接通电源，搅打均匀后倒入杯中即可。

草莓芒果芹菜汁

原料

草莓、芒果各200克，芹菜100克。

做法

1. 草莓、芹菜洗净，均切小块；芒果洗净，去皮、去核，切小块。

2. 将所有食材放入榨汁机中，加凉白开到机体水位线间，接通电源，搅打均匀后倒入杯中即可。

养生功效

本品具有美容润肤、调理肠胃的功效。

美容润肤

美白
补水

桃子柠檬汁

原料

桃子150克，柠檬1个。

做法

1. 桃子洗净，去皮、去核，切小块；柠檬洗净，去皮、去子，切小块。
2. 将桃子块、柠檬块放入榨汁机中，加凉白开到机体水位线间，接通电源，搅打均匀后倒入杯中即可。

养生功效

本品具有嫩肤、美白祛斑、增强免疫力、消除疲劳等功效。

Tips 在清水中放入少许食用碱，将鲜桃放入浸泡3分钟，搅动几下，桃毛便会自动上浮，清洗几次桃毛就没了。

樱桃柚子菠萝汁

原料

樱桃、柚子、菠萝各100克。

做法

1. 樱桃洗净，去核；柚子去皮、去子，切小块；菠萝去皮，切小块。
2. 将所有食材放入榨汁机中，加凉白开到机体水位线间，接通电源，搅打均匀后倒入杯中即可。

养生功效

本品具有美容润肤、排毒养颜的功效。

润肤
防皱

保持皮肤弹性

番茄橘子汁

原料

番茄、橘子各100克。

做法

1. 番茄洗净，去皮，切小块；橘子洗净，去皮、去子，切小块。
2. 将番茄块、橘子块放入榨汁机中，加凉白开到机体水位线间，接通电源，搅打均匀后倒入杯中即可。

养生功效

本品具有保持皮肤弹性、美白祛斑、缓解疲劳等功效，还有助于改善睡眠质量。

Tips 鲜榨果蔬汁上的那层泡沫含有丰富的酶，不要丢掉。

番茄草莓柳橙汁

原料

番茄、草莓各70克，柳橙150克。

做法

1. 番茄洗净，去皮，切小块；草莓洗净，切小块；柳橙洗净，去皮、去子，切小块。
2. 将所有食材放入榨汁机中，加凉白开到机体水位线间，接通电源，搅打均匀后倒入杯中。

养生功效

本品具有保湿润肤、改善皮肤粗糙、美白祛斑等功效。

保湿润肤

Tips 草莓味甘，性凉，有润肺生津、健脾和胃等功效。饭后食几颗草莓，有助于消化。

冬瓜苹果汁

润肤
美白

原料

苹果80克，冬瓜150克，柠檬1/4个。

做法

1. 苹果洗净，去皮、去核，切小块；冬瓜、柠檬洗净，去皮、去子，切小块。
2. 将所有食材放入榨汁机中，加凉白开到机体水位线间，接通电源，搅打均匀后倒入杯中即可。

养生功效

本品具有润肤美白、淡化色斑、化痰止渴、祛湿解暑、利尿消肿等功效。

Tips 冬瓜皮30克，加冰糖少许，用水煎服20分钟，可以辅助治疗咳嗽。

甜椒番茄汁

美白
抗衰

原料

甜椒、番茄各100克，蜂蜜适量。

做法

1. 甜椒洗净，去子，切小块；番茄洗净，去皮，切小块。
2. 将所有食材放入榨汁机中，加凉白开到机体水位线间，接通电源，搅打均匀即可。

养生功效

本品能够净化血液、促进血液循环、延缓衰老，可使皮肤白皙。

嫩肤
抗皱

Tips 菠菜根配以生姜煎服，可预防糖尿病。

菠菜汁

原料

菠菜200克，蜂蜜适量。

做法

1. 菠菜在开水中焯一下，用凉水冲洗，切小段。

2. 将菠菜段放入榨汁机中，加凉白开到机体水位线间，接通电源，搅打均匀后倒入杯中，加蜂蜜调匀即可。

养生功效

本品具有减少皱纹、促进肠道蠕动、排毒养颜等功效。

抗皱
洁肤

洋葱黄瓜汁

原料

黄瓜200克，洋葱50克。

做法

1. 洋葱洗净，去皮，切小块；黄瓜洗净，去皮，切小块。

2. 将洋葱块、黄瓜块放入榨汁机中，加凉白开到机体水位线间，接通电源，搅打均匀后倒入杯中即可。

养生功效

本品具有抗皱洁肤、润肤养颜、减缓衰老、降低血液黏度等功效。

美白
嫩肤

本品具有美白肌肤、防止和消除皮肤色素沉着的功效。

芹菜番茄柠檬汁

原料

芹菜、番茄各100克，柠檬1/4个。

做法

1. 番茄洗净，去皮，切小块；芹菜洗净，切小段；柠檬洗净，去皮、去子，切小块。
2. 将所有食材放入榨汁机中，加凉白开到机体水位线间，接通电源，搅打均匀后倒入杯中即可。

紧肤
嫩肤

养生功效

本品具有紧肤、除皱、嫩肤的功效。

南瓜胡萝卜橙汁

原料

南瓜、胡萝卜、橙子各100克。

做法

1. 胡萝卜洗净，去皮，切块；南瓜去皮及子，洗净，切块，蒸熟；橙子去皮、去子，切小块。
2. 将所有食材放入榨汁机中，加凉白开到机体水位线间，接通电源，搅打均匀后倒入杯中即可。

保湿
美白

养生功效

本品具有保湿美白、消除皮肤皱纹的功效。

黄瓜雪梨汁

原料

黄瓜、雪梨各100克，蜂蜜适量。

做法

1. 黄瓜洗净，切小块；雪梨洗净，去皮、去核，切小块。
2. 将所有食材放入榨汁机中，加凉白开到机体水位线间，接通电源，搅打均匀后倒入杯中即可。

CHAPTER

2

祛痘淡斑抗皱

中医学认为，
外在的状态往往是身体内部的反映。
而面部长痘痘、生雀斑、出现皱纹，
说明体内的脏器失调。
我们可以通过果蔬汁对身体进行调养，
起到祛痘、淡斑、抗皱的养颜效果。

痘痘形成面面观

中医学认为，痘痘的产生有几个原因：一是吃东西口味重，营养太丰富；二是面部毛孔不开，脏东西堆积；三是内外原因使女性内分泌失调导致生痘痘。

中医学还认为，外在的状态往往是身体内部的反映。通过对"痘痘地图"的准确识别，找出相应的对策进行调理，对付恼人的痘痘也就不是一件难事了。

♦ **在额头：用脑过度**

表现：压力大、脾气差，造成心火上炎和血液循环不畅。

对策：养成良好的生活习惯，保证充足的睡眠，放松心情，多喝水。

♦ **在双眉间：工作超负荷**

表现：胸闷、心律失常、心悸。

对策：不要做太过剧烈的运动，避免烟、酒、辛辣食品。

♦ **在鼻头：饮食不规律**

表现：胃火过盛、消化系统异常。

对策：少吃寒性食物，因为寒性食物容易引起胃酸分泌过多，造成胃火过大。

♦ **在右边脸颊：空气环境不佳**

表现：肺功能失常。

对策：平时应注意呼吸道的保养，泻肺热，尽量避免芒果、芋头、海鲜等易过敏的食物。

♦ **在唇周：消化不良**

表现：便秘导致体内毒素堆积，或是使用含氟过量的牙膏。

对策：应多吃富含膳食纤维的蔬菜水果，改变不良的饮食习惯。

♦ **全脸：生活不规律**

表现：内分泌紊乱。

对策：注意头发清洁，尽量减少用手触摸脸颊，彻底卸妆，注意防晒。

玩转榨汁机
让你变美变瘦变健康

防治痘痘的饮食宜忌

为了防治痘痘，平时在日常饮食上要注意以下几个方面：

● 多食富含维生素A或胡萝卜素的食物

维生素A可以起到调节上皮细胞代谢的作用，可以在一定程度上调节毛囊以及皮肤汗腺的功能，从而减少酸性代谢产物对表皮的侵袭，有利于缓解痘痘。富含维生素A或胡萝卜素的食物有胡萝卜、南瓜、菠菜、动物肝脏、鱼肝油等。

● 多食富含B族维生素的食物

维生素B_2有助于促进细胞内的生物氧化过程，并参与碳水化合物、蛋白质和脂肪的代谢。动物内脏、瘦肉、乳类、蛋类及绿叶蔬菜等都含有丰富的维生素B_2。

维生素B_6可以参与不饱和脂肪酸的代谢，有效防治青春痘。含维生素B_6丰富的食物有蛋黄、瘦肉类、鱼类、豆类及白菜等。

● 多食富含锌的食物

锌可以在一定程度上控制皮脂腺的分泌，同时还有减轻细胞脱落与角化的功能。含锌较丰富的食物有牛瘦肉、牡蛎、海参、海鱼、鸡蛋、核桃仁、金针菇等。海鲜类虽多富含锌，但易致过敏，所以应慎重选择。

● 多食具有清凉去火作用的食物

长青春痘的患者大多数是因为内热上火所致。所以在饮食上要多选择具有清凉去火、生津润燥作用的食物，从内而外地调理，达到祛痘的效果。清凉去火的食物有猪肺、兔肉、鸭肉、木耳、芹菜、油菜、菠菜、莴笋、苦瓜、黄瓜、丝瓜、冬瓜、番茄、绿豆芽、绿豆、黄豆、豆腐、莲藕、西瓜、梨、苹果等。

● 远离辛辣食物

辛辣食物容易刺激脾胃，导致体内燥热，影响人体新陈代谢，使内分泌失调，从而导致皮肤的代谢能力下降，以致痘痘的出现。

● 勿碰肥肉

肥肉的脂肪含量极高，还有大量的饱和脂肪酸和胆固醇，而痘痘的产生也可能是因为摄入油脂过多，使体内积热，以至于肌肤毒素难以排出而导致的。

色斑的预防

1. 出现色斑可能与某些疾病有关，尤其是妇科病，如乳腺增生、痛经、月经不调等，对于这些疾病，积极治疗也能预防色斑的出现。

2. 睡眠与饮食对皮肤很重要，特别是睡眠，哪怕闭目养神10分钟也好。同时要多喝水、多吃果蔬，当然鸡蛋和瘦肉中的优质蛋白质对皮肤的光滑细腻也有帮助。只有在不缺氧、不缺水的情况下，皮肤才会光彩照人。

3. 夏季应适当补充糖分，因为肝、肾、脾等脏器都需要糖分，而这些脏器健康的女性，头发乌黑、肤色红润。

4. 防晒很重要，因为皱纹和色斑大都因为光老化引起。所以从青少年开始就应该防晒，帽子、遮阳伞、防晒护肤品都是防晒的好帮手。

5. 保持心情舒畅、精神愉快，避免忧思恼怒。

6. 保证均衡的营养，注意各种营养素的均衡摄入。

7. 与服用药物有关的色斑患者，应停止服用相关药物。

8. 改善微循环、调节内分泌、激活细胞活力、促进新陈代谢、增强营养物质吸收、疏通经络、平衡阴阳、调和气血都可以预防色斑的生成。

淡化色斑的方法

色斑是由于皮肤黑色素的增加而形成的一种面部呈褐色或黑色素沉着性、损容性皮肤疾病，多发于面颊和前额部位，日晒后加重。淡化色斑的方法有很多，首先是进行科学的饮食调理，可常吃冬瓜子、薏米，多吃富含维生素C的食物，如柑橘类水果、山楂、鲜枣、猕猴桃、新鲜绿叶菜等，这些食物能有效抑制皮肤氧化，使皮肤内的深色氧化型色素转化为还原型浅色素，进而抑制黑色素的形成，这对于防治黄褐斑、雀斑很有好处。

一些天然自制的果蔬汁，既可以内服，也可以外用，有祛斑养颜、润肤的效果。比如胡萝卜汁、番茄汁、柠檬冰糖汁等，每日喝一杯，不仅对防治色斑有较好的作用，早晚洗脸后，用这些汁液拍脸，也可使面部色斑淡化、皮肤白嫩，达到标本兼治的目的。

抗皱护肤的果蔬

下面这些果蔬可以帮助爱美的女性朋友抗皱又护肤。

胡萝卜

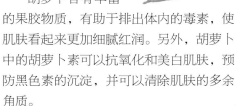

胡萝卜含有丰富的果胶物质，有助于排出体内的毒素，使肌肤看起来更加细腻红润。另外，胡萝卜中的胡萝卜素可以抗氧化和美白肌肤，预防黑色素的沉淀，并可以清除肌肤的多余角质。

黄瓜

黄瓜含有人体生长发育和生命活动所必需的多种糖类和氨基酸，以及丰富的维生素和水分，为皮肤、肌肉提供充足的养分，可有效对抗皮肤老化，减少皱纹的产生。

樱桃

樱桃含有较多的铁、花青素。樱桃汁能帮助面部皮肤嫩白红润、祛皱淡斑，可以平衡皮脂分泌、延缓衰老，帮助活化细胞、美白肌肤。

石榴

石榴含有一种叫鞣花酸的成分，可以帮助细胞对抗空气环境污染、紫外线的伤害，滋养细胞，延缓皮肤衰老。

橄榄

橄榄可以说浑身都是宝：橄榄叶提取物有助皮肤细胞对抗污染、紫外线与压力引致的氧化；而橄榄果实中则含有强效抗氧化成分，能减少身体的氧化损伤。

葡萄

葡萄含有大量葡萄多酚，具有抗氧化功能，有效延缓衰老；它还含鞣酸、柠檬酸，有收敛效果及保湿作用。

柠檬

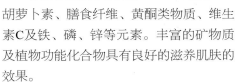

柠檬含有柠檬酸、胡萝卜素、维生素C等多种营养成分，具有很强的抗氧化作用，对促进肌肤的新陈代谢、延缓衰老及抑制色素沉着有着明显功效。

杏

杏富含糖类、果酸、胡萝卜素、膳食纤维、黄酮类物质、维生素C及铁、磷、锌等元素。丰富的矿物质及植物功能化合物具有良好的滋养肌肤的效果。

柚子

柚子中含有的柠檬酸能帮助细胞代谢，从而使皮肤恢复光滑、重现润泽。

减少色
素沉着

苹果油菜汁

原料

苹果、油菜各100克，蜂蜜适量。

做法

1. 苹果洗净，去皮、去核，切小块；油菜洗净，入沸水中略焯，捞出后切小段。
2. 将所有食材放入榨汁机中，加凉白开到机体水位线间，接通电源，搅打均匀即可。

养生功效

本品具有减少色素沉着、活血化瘀、调理肠道、排毒通便、消除疲劳等功效。

避免色
素沉着

草莓汁

原料

草莓250克，盐少许。

做法

1. 草莓用淡盐水浸泡15分钟，洗净，去蒂。
2. 将草莓放入榨汁机中，加凉白开到机体水位线间，接通电源，搅打均匀后倒入杯中即可。

养生功效

本品具有美白补水、消暑解热、利咽止咳、预防贫血等功效。

草莓柠檬汁

原料

草莓250克，柠檬1/4个，盐少许。

做法

1. 草莓用淡盐水浸泡15分钟，洗净，去蒂；柠檬洗净，去皮、去子，切成小块。
2. 将所有食材放入榨汁机中，加凉白开到机体水位线间，接通电源，搅打均匀后倒入杯中即可。

养生功效

本品具有抗皱润肤、延缓皮肤老化等美容功效。

抗皱
润肤

草莓哈密瓜菠菜汁

原料

草莓、哈密瓜各100克，菠菜50克，盐少许。

做法

1. 草莓用淡盐水浸泡15分钟，洗净，去蒂；哈密瓜洗净，去皮、去子，切小块；菠菜洗净，焯水后过凉，切小段。
2. 将所有食材放入榨汁机中，加凉白开到机体水位线间，接通电源，搅打均匀后倒入杯中即可。

养生功效

本品具有祛痘润肤、淡斑美白等美容功效。

祛痘
亮肤

消除
雀斑

Tips 猕猴桃富含的肌醇及氨基酸，可抑制抑郁
症，能补充大脑所消耗的营养。

猕猴桃汁

原料

猕猴桃250克。

做法

1. 猕猴桃洗净，去皮，切小块。

2. 将猕猴桃块放入榨汁机中，加凉白开到
   机体水位线间，接通电源，搅打均匀后
   倒入杯中即可。

养生功效

本品具有消除雀斑、健胃消食、清热利尿、调节
免疫力等功效。

菠萝汁

原料

菠萝200克，柠檬1/4个，盐适量。

做法

1. 菠萝去皮，切小块，放淡盐水中浸泡
   15分钟；柠檬洗净，去皮、去子，切
   小块。

2. 将菠萝块、柠檬块倒入榨汁机中，加凉
   白开到机体水位线间，接通电源，搅打
   均匀后倒入杯中即可。

养生功效

本品具有淡化色斑、清热除烦、健脾养胃、通利
小便等功效。

淡化
色斑

Tips 菠萝用淡盐水浸泡后，能减弱酸涩味，预
防过敏。

亮肤抗皱

葡萄苹果芦笋汁

原料

葡萄、苹果各100克，芦笋150克。

做法

1. 葡萄洗净，去子；苹果洗净，去皮、去核，切小块；芦笋洗净，入沸水焯烫后切小段。
2. 将所有食材放入榨汁机中，加凉白开到机体水位线间，接通电源，搅打均匀后倒入杯中即可。

养生功效

本品具有亮肤抗皱、美白嫩肤等美容功效。

柠檬汁

原料

柠檬2个，蜂蜜适量。

做法

1. 柠檬洗净，去皮、去子，切小块。
2. 将柠檬块放入榨汁机中，加凉白开到机体水位线间，接通电源，搅打均匀后倒入杯中，加蜂蜜调味即可。

养生功效

本品具有消除色素沉着、美白润肤、止渴生津、健胃消食等功效。

淡斑除皱

柠檬生菜汁

原料

柠檬1/4个，生菜150克。

做法

1. 柠檬洗净，去皮、去子，切小块；生菜洗净，切成段。

2. 将所有食材放入榨汁机中，加凉白开到机体水位线间，接通电源，搅打均匀后倒入杯中即可。

养生功效

本品具有控油除痘、润肤嫩肤等功效。

养生功效

本品具有美白祛斑、润肺化痰、生津止渴、开胃消食等功效。

橙汁

原料

橙子200克，蜂蜜少许。

做法

1. 橙子洗净，去皮、去子，切小块。

2. 将橙子块放入榨汁机中，加凉白开到机体水位线间，接通电源，搅打均匀后倒入杯中即可。

 Tips 过多食用柑橘类水果，会使皮肤变黄，一般不需治疗，只要停止食用即可好转。

油梨柠檬橙汁

原料

油梨、橙子各150克，柠檬1/4个。

做法

1. 油梨、橙子、柠檬洗净，去皮、去子核，均切成小块。

2. 将所有食材放入榨汁机中，加凉白开到机体水位线间，接通电源，搅打均匀后倒入杯中即可。

养生功效

本品具有淡斑美肤、减缓皮肤老化等功效。

西瓜芦荟汁

原料

西瓜200克，芦荟30克。

做法

1. 西瓜洗净，去皮、去子，切小块；芦荟洗净，削皮，切小段。
2. 将所有食材放入榨汁机中，加凉白开到机体水位线间，接通电源，搅打均匀后倒入杯中。

养生功效

本品具有祛痘润肤、清热利尿、抗炎镇静等功效。

祛痘润肤

消斑除皱

养生功效

本品具有消斑除皱、防晒美白等功效。

哈密瓜酸奶汁

原料

哈密瓜200克，酸奶100克。

做法

1. 哈密瓜洗净，去皮、去子，切小块。
2. 将所有食材放入榨汁机中，加凉白开到机体水位线间，接通电源，搅打均匀后倒入杯中即可。

红糖西瓜汁

原料

西瓜250克，红糖15克。

做法

1. 西瓜洗净，去皮、去子，切小块。
2. 将西瓜块放入榨汁机中，加凉白开到机体水位线间，接通电源，搅打均匀后倒入杯中，调入红糖即可。

养生功效

本品具有控油洁肤、保湿养颜等功效。

控油洁肤

樱桃苹果汁

原料

樱桃50克，苹果150克。

做法

1. 樱桃洗净，去核；苹果洗净，去皮、去核，切小块。
2. 将所有食材放入榨汁机中，加凉白开到机体水位线间，接通电源，搅打均匀后倒入杯中即可。

养生功效

本品具有嫩肤除皱、保持肌肤弹性等功效。

嫩肤
除皱

桑葚汁

原料

桑葚250克，白糖10克。

做法

1. 桑葚洗净，去蒂。
2. 将桑葚放入榨汁机中，加凉白开到机体水位线间，接通电源，搅打均匀后倒入杯中，调入白糖即可。

养生功效

本品具有祛皱抗痘、营养肌肤、延缓衰老等功效。

除皱
抗痘

玩转榨汁机
让你变美变瘦变健康

淡斑
补水

Tips 香瓜蒂烧至外部焦黑、里面焦黄，研成粉
末，亦可与细辛粉同用，取少许入鼻中，
一日3次，辅治慢性肥厚性鼻炎。

香瓜柠檬汁

原料

香瓜200克，柠檬1/4个。

做法

1. 香瓜、柠檬洗净，去皮、去子，均切成
   小块。
2. 将所有食材放入榨汁机中，加凉白开到
   机体水位线间，接通电源，搅打均匀后
   倒入杯中即可。

养生功效

本品不但具有淡斑的功效，还能缓解暑热所致的
胸膈满闷不舒、食欲缺乏、烦热口渴、小便不利
等不适。

预防皮
肤粗糙

紫甘蓝汁

原料

紫甘蓝150克，柠檬1/4个，蜂蜜适量。

做法

1. 紫甘蓝洗净，撕成小片；柠檬洗净，去
   皮、去核，切小块。
2. 将紫甘蓝、柠檬放入榨汁机中，加凉白
   开到机体水位线间，接通电源，搅打均
   匀后倒入杯中，加蜂蜜调匀即可。

养生功效

本品具有预防皮肤粗糙、益脾和胃、防癌护肝等
功效。

嫩肤
除皱

养生功效

本品具有嫩肤除皱、美白保湿等功效。

胡萝卜木瓜菠萝汁

原料

胡萝卜、木瓜各100克，菠萝150克。

做法

1. 胡萝卜、菠萝洗净，去皮，均切小块；木瓜洗净，去皮，去子，切小块。
2. 将所有食材放入榨汁机中，加凉白开到机体水位线间，接通电源，搅打均匀后倒入杯中即可。

淡化
色斑

养生功效

本品具有淡化色斑、保持肌肤细腻等功效。

胡萝卜红薯汁

原料

胡萝卜、红薯各150克，白糖15克。

做法

1. 胡萝卜洗净，去皮，切小块；红薯洗净，去皮，蒸熟，切小块。
2. 将所有食材放入榨汁机中，加凉白开到机体水位线间，接通电源，搅打均匀后倒入杯中即可。

控油
补水

养生功效

本品具有活化肌肤细胞、改善肤质等功效。

芹菜葡萄汁

原料

芹菜150克，葡萄100克。

做法

1. 芹菜洗净，切小段；葡萄洗净，去子。
2. 将所有食材放入榨汁机中，加凉白开到机体水位线间，接通电源，搅打均匀后倒入杯中即可。

玩转榨汁机
让你变美变瘦变健康

芹菜柠檬香瓜汁

原料

芹菜、香瓜各150克，柠檬1/4个。

做法

1. 芹菜洗净，切小段；柠檬、香瓜洗净，去皮、去子，切小块。
2. 将所有食材放入榨汁机中，加凉白开到机体水位线间，接通电源，搅打均匀后倒入杯中即可。

养生功效

本品具有美白祛斑、减少黑色素沉积等功效。

番茄甘蔗汁

原料

番茄100克，甘蔗250克。

做法

1. 番茄洗净，去皮，切小块；甘蔗洗净，去皮，切小块。
2. 将所有食材放入榨汁机中，加凉白开到机体水位线间，接通电源，搅打均匀后滤出废渣，倒入杯中即可。

养生功效

本品具有抗皱淡斑、美白肌肤等功效。

除皱
美白

南瓜牛奶汁

原料

南瓜200克，牛奶100克，蜂蜜适量。

做法

1. 南瓜洗净，去皮，切成小块，入锅中蒸熟。
2. 将所有食材放入榨汁机中，加凉白开到机体水位线间，接通电源，搅打均匀后倒入杯中即可。

养生功效

本品具有美容祛皱、嫩肤护肤等功效。

淡斑
润肤

莲藕蜜汁

原料

莲藕200克，蜂蜜适量。

做法

1. 莲藕洗净，去皮，切小块。
2. 将所有食材放入榨汁机中，加凉白开到机体水位线间，接通电源，搅打均匀后倒入杯中即可。

养生功效

本品具有淡斑润肤、祛痘美容等功效。

健脾养胃消食

中医学认为，脾胃是气血生化之源。
人出生后有赖于脾胃功能的健全，
食入的营养才能消化、吸收，输运全身，
才能保证机体的正常发育和热量需求。
因此，脾胃功能的强弱，
直接关系到人体生命的盛衰。
因此，为了身体的健康，应多喝些健脾养胃、
助消化的果蔬汁。

脾胃功效大揭密

胃主接收容纳食物，脾分泌消化酶，帮助消化食物。食物进入胃后，经胃的腐熟输送至小肠，进一步消化吸收，所以胃主通降，以降为和，以下行为顺，从而保证消化物的不断下输和消化吸收。

脾的最大功能是主运化，可以运化水液和水谷，也就是把吃进去的食物所含的营养物质以及水液输送给其他的脏器，起到了一个传输官的作用。

另外，脾还主升清。脾和胃是互为表里的，脾可以把清气往上升，胃主降，两者共同起着运化升清、降浊的作用。如果升清的功能减弱了，脾气就会下降，胃就会出问题。

按照中医学所说，"肝藏血，心主血，而脾统血"。血和这三脏的关系都很密切，如果脾统血功能不足，就会导致诸如血崩、血漏或尿血等疾病的发生。

除了统血功能外，肌肉也是归脾来管理的，肌肉的营养是从脾的运化吸收而来的。一般而言，脾气健运，营养充足，则肌肉丰盈。如果脾出了问题，消化吸收就会发生障碍，人往往会逐渐消瘦。

脾虚的女人老得快

在《黄帝内经》中有过论述："五七阳明脉衰，面始焦，发始堕。"这句话的意思是女人过了35岁，面容开始憔悴，头发开始脱落，种种衰老的迹象都是因为阳明脉开始虚弱、衰竭了。"阳明脉"就是脾胃之经，而女人变老就是从脾气虚弱开始的。脾虚可分气虚和阳虚两种：脾气虚者，腹胀食少、小便不利、面色萎黄、形体消瘦或肥胖浮肿；脾阳虚者，四肢不温、小便短小、舌苔白滑。脾气强健的人，大多气色红润。想保持脾气强健，养成健脾的习惯很重要。补脾之法不能速效，只有坚持调养，才能避免脾虚带来的容貌和身形的改变。

脾胃虚寒的信号

人体的气血是由脾胃将食物转化而来，故脾胃乃后天之本。脾胃好不好，可以通过观察肤色、五官、生活状态加以判断。

◆ 脸色发黄发

一个人的脸色暗淡发黄，可能是脾虚，主要表现为吃饭不香，饭后腹胀，有腹泻或便溏症状。这是因为脾的气和津液都不足，不能给身体提供足够营养造成的。

◆ 鼻头暗淡发红

用手摸摸鼻头会发现有一个小坑，以小坑为中心，周围就是反映脾脏生理功能、病理变化最明显的区域。如果鼻头发红，是脾胃有热证，表现为特别能吃，但吃完容易饿、消化吸收不好、口苦黏腻等。

◆ 口唇无血色、干燥

《黄帝内经》中指出，"口唇者，脾之官也""脾开窍于口"，就是说，脾胃有问题会表现在口唇上。脾胃很好的人，其嘴唇红润、干湿适度、润滑有光。反过来说，如果一个人的嘴唇干燥、脱皮、无血色，就说明脾胃不好。

◆ 睡觉时流口水

《黄帝内经》中还指出"脾主涎"，这个"涎"是脾之水、脾之气的外在表现。一个人的脾气充足，涎液才能正常传输，帮助我们吞咽和消化，也会老老实实待在口腔里，不会溢出。一旦脾气虚弱，"涎"就不听话了，睡觉时就会流口水。

◆ 便秘

正常情况下，人喝进去的水通过脾胃运化，才能成为各个脏器的津液，如果脾胃运化能力减弱，就会导致大肠动力不足，继而造成功能性便秘。

◆ 睡眠不好

古语讲"胃不和，卧不安"。脾胃不好的人，睡眠质量也会降低，出现入睡困难、惊醒、多梦等问题。

◆ 精神状态不佳

脾胃运化失常，容易导致健忘、心慌、反应迟钝等。相反，脾胃健运，能让大脑得到滋养，就会神清气爽、精力旺盛、思考敏捷。

健脾消食的果蔬

脾胃不好的人常常表现为食欲不振、腹泻、便秘等，那么脾胃不好吃什么蔬菜、水果能起到健脾养胃消食的作用呢？

胡萝卜

味甘，性平，无毒。归脾、肺经。能养血明目，健脾消食，补气生血，行气化滞。

土豆

味甘，性平。归胃、大肠经。可补气健脾，和胃调中，适宜于脾虚体弱、神疲乏力、食欲不振、消化不良。

山药

味甘，性平。入肺、脾、肾经。具有健脾养胃，补肺，固肾，益精的作用。

南瓜

味甘，性平，无毒。归脾、胃、大肠经。能补脾利水，解毒杀虫，退热，止痢，止痛，安胎。

苹果

味甘、酸，性凉。有健脾益胃、生津止渴之功。用于中气不足、腹泻、便秘等。

香蕉

味甘，性寒。有清热润肠之功。用于实证便秘。

石榴

味甘、微酸、涩，性温。能生津止渴，收涩止泻。甜石榴用于胃阴不足、口渴咽干、小儿疳积；酸石榴可辅治久泻久痢、便血、脱肛；石榴皮杀虫、驱虫、治虫积腹痛。

橙子

味酸，性凉。有健脾和胃、止呕宽胸之功。用于食欲不振、食后腹胀、便秘等。

山楂

味酸、甘，性微温。有健胃消食、活血化瘀之功。用于小儿消化不良、食积内停。

木瓜

味甘，性平。有健脾胃、助消化之功。用于消化不良等。

柠檬

味酸、甘，性凉。有祛暑止渴、和胃生津之功，可解暑热，除烦渴，增进食欲，下气和胃。用于辅治食欲不振。

红枣

味甘，性温。可益气养血，补脾健胃，生津止渴，强神壮力。适用于脾胃虚弱、气血不足、睡眠不安。

苹果猕猴桃汁

原料

苹果、猕猴桃各200克。

做法

1. 苹果洗净，去皮、去核，切成小块；猕猴桃去皮，切成小块。
2. 将所有食材放入榨汁机中，加凉白开到机体水位线间，接通电源，搅打均匀后倒入杯中即可。

养生功效

本品具有开胃消食、生津润燥、解热除烦等功效。

开胃
消食

葡萄梨汁

原料

梨150克，青葡萄100克。

做法

1. 梨洗净，去皮、去核，切小块；青葡萄洗净，去子。
2. 将梨块、青葡萄放入榨汁机中，加凉白开到机体水位线间，接通电源，搅打均匀后倒入杯中即可。

养生功效

本品具有促进胃肠蠕动、清心润肺、滋补肝肾、益气补血、止咳除烦、解热镇静的功效。

促进胃
肠蠕动

Tips 葡萄皮富含花青素，具有很强的抗氧化性，可防辐射、抗衰老。

白梨无花果汁

健胃
清肠

原料

白梨、无花果各150克。

做法

1. 白梨洗净，去皮、去核，切小块；无花果洗净，去皮，切小块。
2. 将所有食材放入榨汁机中，加凉白开到机体水位线间，接通电源，搅打均匀后倒入杯中即可。

养生功效

本品具有健胃清肠、祛痰理气、消肿解毒等功效。

橘子苹果芹菜汁

健脾
养胃

原料

橘子150克，苹果、芹菜、菜花各100克，蜂蜜适量。

做法

1. 橘子洗净，去皮、去子，切小块；苹果洗净，去皮、去核，切小块；芹菜洗净，切小段；菜花洗净，掰小朵，入沸水焯烫。
2. 将所有食材放入榨汁机中，加凉白开到机体水位线间，接通电源，搅打均匀后倒入杯中即可。

养生功效

本品具有健脾养胃、增进食欲、消除疲劳等功效。

柳橙香瓜汁

原料

柳橙150克，香瓜100克。

做法

1. 柳橙、香瓜洗净，去皮、去子，均切小块。
2. 将所有食材放入榨汁机中，加凉白开到机体水位线间，接通电源，搅打均匀后倒入杯中即可。

养生功效

本品具有和中开胃、降逆止呕等功效。

和中开胃

猕猴桃香蕉汁

原料

猕猴桃、香蕉各150克。

做法

1. 猕猴桃、香蕉洗净，去皮，均切小块。
2. 将所有食材放入榨汁机中，加凉白开到机体水位线间，接通电源，搅打均匀后倒入杯中即可。

养生功效

本品具有养胃消食、润肠除燥等功效。

养胃消食

火龙果汁

原料

火龙果250克。

做法

1. 火龙果去皮，切小块。
2. 将火龙果块放入榨汁机中，加凉白开到机体水位线间，接通电源，搅打均匀后倒入杯中即可。

养生功效

本品具有清热排毒、强体补虚、促进消化的作用。

排毒养胃

和胃
消食

杨梅汁

原料

杨梅200克，白糖、盐各适量。

做法

1. 杨梅入淡盐水中浸泡10分钟，洗净，去核。
2. 将杨梅放入榨汁机中，加凉白开到机体水位线间，接通电源，搅打均匀后倒入杯中，调入白糖即可。

养生功效

本品具有和胃消食、消炎止泻等功效。

菠萝柠檬汁

原料

菠萝200克，柠檬1个，白糖、盐各适量。

做法

1. 菠萝去皮，切小块，入淡盐水中浸泡15分钟；柠檬洗净，去皮、去子，切小块。
2. 将所有食材放入榨汁机中，加凉白开到机体水位线间，接通电源，搅打均匀后倒入杯中即可。

养生功效

本品具有补脾养胃、助消化、促进食欲等功效。

开胃
消食

木瓜柳橙汁

木瓜、柳橙各150克。

做法

1. 木瓜、柳橙洗净，去皮、去子，均切成小块。
2. 将所有食材放入榨汁机中，加凉白开到机体水位线间，接通电源，搅打均匀后倒入杯中即可。

养生功效

本品具有清热消食、健脾养胃等功效。

开胃养胃

清热消食

养生功效

本品具有清热消食、缓解紧张情绪、通便排毒等功效。

香瓜苹果汁

原料

香瓜、苹果各150克。

做法

1. 苹果洗净，去皮、去核，切小块；香瓜洗净，去皮、去子，切小块。
2. 将苹果块、香瓜块放入榨汁机中，加凉白开到机体水位线间，接通电源，搅打均匀后倒入杯中即可。

甜椒草莓苹果汁

原料

甜椒、草莓、苹果各100克，盐少许。

做法

1. 甜椒洗净，去子，切小块；草莓用淡盐水浸泡约15分钟，去蒂，洗净；苹果洗净，去皮、去核，切小块。
2. 将甜椒、草莓、苹果放入榨汁机中，加凉白开到机体水位线间，接通电源，搅打均匀后倒入杯中即可。

养生功效

本品具有补脾健胃、消食化积等功效。

开胃促食

排毒
促食

青椒胡萝卜姜汁

原料

青椒、胡萝卜各100克，姜5克，蜂蜜
适量。

做法

1. 青椒洗净，去子，切小块；胡萝卜洗
   净，去皮，切小块；姜洗净，切碎。
2. 将所有食材放入榨汁机中，加凉白开到
   机体水位线间，接通电源，搅打均匀后
   倒入杯中即可。

养生功效

本品具有健胃消食、促进消化液分泌、增强肠胃
蠕动等功效。

芹菜芦笋汁

刺激胃
肠蠕动

原料

芹菜、芦笋各150克，蜂蜜适量。

做法

1. 芹菜、芦笋洗净，均切成小段。
2. 将所有食材放入榨汁机中，加凉白开到
   机体水位线间，接通电源，搅打均匀后
   倒入杯中即可。

养生功效

本品具有清热消肿、排毒通便等功效。

玩转榨汁机
让你变美变瘦变健康

莴笋汁

原料

莴笋200克，白糖少许。

做法

1. 莴笋去皮，洗净，切小块。
2. 将莴笋块放入榨汁机中，加凉白开到机体水位线间，接通电源，搅打均匀后倒入杯中，调入白糖即可。

养生功效

本品具有消积下气、增进食欲、清热利尿、促进代谢等功效。

Tips 莴笋不宜多食，多食容易引起腹泻。

芦笋洋葱汁

原料

芦笋150克，洋葱50克，蜂蜜适量。

做法

1. 芦笋洗净，切小段；洋葱洗净，剥皮，切小块。
2. 将所有食材放入榨汁机中，加凉白开到机体水位线间，接通电源，搅打均匀后倒入杯中即可。

养生功效

本品具有健胃消食、增进食欲等功效。

西蓝花菠菜葱白汁

补脾和胃

原料

西蓝花、菠菜各80克，葱白30克，蜂蜜适量。

做法

1. 西蓝花、菠菜洗净，切成小块，焯水；葱白洗净，切成小段。
2. 将所有食材放入榨汁机中，加凉白开到机体水位线间，接通电源，搅打均匀后倒入杯中即可。

养生功效

本品具有补脾和胃、促进肠道蠕动等功效。

Tips 葱白的用处非常广泛，制作成糊状的葱白加入少许食盐敷在冻疮处可有效缓解冻疮，每天可敷数次。

料理小妙招

菠菜洗净后放入沸水中焯一下，迅速放入冷水中过凉，不但可以去除苦涩味道，还能使其颜色保持鲜绿。

圆白菜菠萝汁

原料

圆白菜、菠萝各100克，白糖、盐各适量。

做法

1. 圆白菜洗净，切小块；菠萝去皮，切小块，放入淡盐水中浸泡15分钟。
2. 将所有食材放入榨汁机中，加凉白开到机体水位线间，接通电源，搅打均匀后倒入杯中，调入白糖即可。

养生功效

本品具有暖胃宽肠、保护肠胃道等功效。

宽肠
通便

圆白菜苹果汁

原料

圆白菜、苹果各100克，白糖适量。

做法

1. 圆白菜洗净，切小块；苹果洗净，去皮、去核，切小块。
2. 将所有食材放入榨汁机中，加凉白开到机体水位线间，接通电源，搅打均匀后倒入杯中，调入白糖即可。

养生功效

本品具有健脾益胃、生津润肺等功效。

健脾
益胃

理气
健脾

黄瓜牛奶汁

原料

黄瓜、牛奶各100克，白糖适量。

做法

1. 黄瓜洗净，切小块。
2. 将所有食材放入榨汁机中，加凉白开到机体水位线间，接通电源，搅打均匀后倒入杯中，调入白糖即可。

养生功效

本品具有消食理气、利水利尿、清热解毒等功效。

刺激胃
肠蠕动

Tips 切好的苦瓜可以撒些盐腌渍一会儿，然后将水洗掉，可以减轻苦味。

苦瓜芹菜黄瓜汁

原料

苦瓜50克，芹菜、黄瓜各100克，蜂蜜适量。

做法

1. 苦瓜、黄瓜洗净，均切成小块；芹菜洗净，切小段。
2. 将所有食材放入榨汁机中，加凉白开到机体水位线间，接通电源，搅打均匀后倒入杯中即可。

养生功效

本品具有促进肠胃运化、清热解毒等功效。

清热利咽利尿

每个人都有上火的经历：
比如夏天天气炎热引起身体燥热；
或吃了上火的食物后，口舌生疮、大便干结；
还有肝火旺的人脾气急躁、内热大，
形成阴虚火旺等症状。
面对这些上火现象，
可以吃一些能够清热、润燥、利湿、
利尿的食物来降火。

清热解毒可养颜美容

中医学认为身体的疾患与美容养颜密不可分。若心血闭阻，血流不畅，则面色青紫；若心火过盛，面红的同时，舌尖还会红肿或舌头糜烂；若人体在疾病状态时，则面色暗黄、灰土、苍白。只有内脏功能正常，人体才能真正达到容光焕发。

中医还强调，人要经常疏肝气、清肝毒、降肝火、养肝血。疏肝气可使全身气机疏泄通畅，体内不堵则面上无痘；清肝毒可清除体内垃圾，体内无毒则脸无暗色；降肝火可使体内阴阳平衡，体内不燥则皮肤润泽；养肝血可以滋养全身脏器，肝血充盈则皮肤光泽有弹性。修复受损肝脏，使全身气机疏泄条达，全身气血顺畅运行，以达到疏肝养颜目的。

清热解毒的果蔬

下面这几种果蔬是非常好的清热解毒的良药：

番茄

性微寒，味酸、甘。具有清热解毒、凉血平肝之功效。

冬瓜

性微寒，味甘、淡。冬瓜皮可利水消肿；冬瓜子可消痈肿，化痰止咳；冬瓜肉可清热止渴。

黄瓜

性凉，味甘。具有促进肠道毒素排泄和降胆固醇作用。

芹菜

性凉，味甘、苦。可平肝清热，祛风利湿。

香蕉

性寒，味甘。可清热解毒，润肠。防治肠燥便秘。

西瓜

性寒，味甘。可清热解暑，除烦止渴，利尿。

梨

性凉，味甘、微酸。可生津润燥，清热化痰。

利尿对身体的好处

利尿可以及时清除体内的毒素，有增强抵抗力、预防感冒、美容养颜的作用。

● **消肿**

利尿可以使水肿减轻或消失，还可以促进原有疾病的好转。

● **强心**

利尿可以增加水、钠的排出，使血容量减少，减轻了心脏的负担，间接起到了强心作用。

● **降压**

利尿可使血容量减少，心输出量降低，动脉血管中的血量和受到的压力下降，而使血压降低。

● **排毒**

人身体内的毒素主要是通过汗液、尿液、粪便排出体外。因此，进食利尿食物可以加大排毒的速度，促进人体的新陈代谢。

利尿消肿的果蔬

下面这几种果蔬非常有利于利尿消肿。

冬瓜

性寒，味甘、淡。具有利尿消肿、清热消渴等功效。

白菜

性凉，味甘。可以养胃生津、除烦解渴、利尿通便、清热解毒。

白萝卜

性凉，味辛、甘。具有利水消肿、刺激肠胃蠕动、帮助消化等功效。

西瓜

性寒，味甘。能够利尿消肿、清热解暑、生津止渴。

黄瓜

性凉，味甘。有清热解渴、利水消肿的功效。

梨

性凉，味甘、微酸。能够生津润燥、利尿除燥、清热化痰。

芦笋

性寒，味甘。有清热利尿、除烦解燥的功效。

清热
润燥

Tips 多吃梨可改善呼吸系统和肺功能。

梨汁

原料

梨250克。

做法

1. 梨洗净，去皮、去核，切小块。
2. 将梨块放入榨汁机中，加凉白开到机体水位线间，接通电源，搅打均匀后倒入杯中即可。

养生功效

本品具有清热润燥、祛痰止咳、利水消肿等功效。

利尿
除烦

白梨西瓜柠檬汁

原料

白梨150克，西瓜200克，柠檬1个，蜂蜜适量。

做法

1. 白梨洗净，去皮、去核，切小块；西瓜、柠檬洗净，去皮、去子，均切成小块。
2. 将所有食材放入榨汁机中，加凉白开到机体水位线间，接通电源，搅打均匀后倒入杯中即可。

养生功效

本品具有利尿除烦、清热解暑、生津止渴等功效。

西瓜桃汁

西瓜100克，桃子150克，柠檬1/4个。

做法

1. 西瓜、柠檬洗净，去皮、去子，均切成小块；桃子洗净，去皮、去核，切小块。
2. 将所有食材放入榨汁机中，加凉白开到机体水位线间，接通电源，搅打均匀后倒入杯中即可。

养生功效

本品具有止渴解暑、利水消肿、滋养肌肤等功效。

利尿护咽

Tips 可将西瓜皮捣成泥敷在脸上，保持15分钟后清洗即可。坚持使用可以使肌肤白嫩光滑。

西瓜木瓜柠檬汁

原料

西瓜200克，木瓜150克，柠檬1个，蜂蜜适量。

做法

1. 西瓜、木瓜、柠檬洗净，去皮、去子，均切成小块。
2. 将所有食材放入榨汁机中，加凉白开到机体水位线间，接通电源，搅打均匀后倒入杯中即可。

养生功效

本品具有清火除燥、健脾消暑等功效。

清火除燥

西瓜苹果姜汁

利尿
解暑

原料

西瓜200克，苹果150克，姜5克，蜂蜜
适量。

做法

1. 西瓜去皮、去子，切成小块；苹果洗
   净，去皮、去核，切成小块；姜洗净，
   切碎。
2. 将所有食材放入榨汁机中，加凉白开到
   机体水位线间，接通电源，搅打均匀后
   倒入杯中即可。

养生功效

本品具有利尿解暑、提神醒脑等功效。

Tips 将西瓜翠衣用微波炉（或烤
箱）烘干，碾成细末，敷在
口腔溃疡的创面，能够有效消除
溃疡。

料理小妙招

切西瓜时，先把西瓜从中间拦腰切
开。然后每刀都沿着瓜皮上的深色
纹路，垂直切到中心，这时西瓜的
子就都露在表面上。只要用勺子轻
轻刮几下，西瓜子就会掉下来。这
样去西瓜子简单便捷，榨汁时也不
用为西瓜子去不干净而烦恼了。

利尿
消肿

香蕉油菜汁

原料

香蕉150克，油菜100克，蜂蜜适量。

做法

1. 香蕉去皮，切成小块；油菜洗净，焯水，切成小段。
2. 将所有食材放入榨汁机中，加凉白开到机体水位线间，接通电源，搅打均匀后倒入杯中即可。

养生功效

本品具有利尿消肿、清热解毒等功效。

甜瓜蜂蜜汁

原料

甜瓜200克，蜂蜜适量。

做法

1. 甜瓜洗净，去皮、去子，切小块。
2. 将所有食材放入榨汁机中，加凉白开到机体水位线间，接通电源，搅打均匀后倒入杯中即可。

养生功效

本品具有利尿解暑、清热解渴等功效。

利尿
润燥

清热
利尿

甜瓜酸奶汁

原料

甜瓜200克，酸奶100克。

做法

1. 甜瓜洗净，去皮、去子，切小块。
2. 将所有食材放入榨汁机中，加凉白开到机体水位线间，接通电源，搅打均匀后倒入杯中即可。

养生功效

本品具有清热利尿、消暑解渴、补钙等功效。

番茄芒果汁

原料

番茄150克，芒果100克，蜂蜜适量。

做法

1. 番茄洗净，去皮，切小块；芒果洗净，去皮、去核，切小块。
2. 将所有食材放入榨汁机中，加凉白开到机体水位线间，接通电源，搅打均匀后倒入杯中即可。

养生功效

本品具有清热利咽、抗菌消炎等功效。

清热
利咽

白菜苹果汁

原料

白菜、苹果各150克，蜂蜜适量。

做法

1. 白菜洗净，切小段；苹果洗净，去皮、去核，切小块。
2. 将所有食材放入榨汁机中，加凉白开到机体水位线间，接通电源，搅打均匀后倒入杯中即可。

利水除烦

养生功效

本品具有利水除燥、清热解毒等功效。

芹菜汁

原料

芹菜150克，蜂蜜适量。

做法

1. 芹菜洗净，切小段。
2. 将芹菜段放入榨汁机中，加凉白开到机体水位线间，接通电源，搅打均匀后倒入杯中，加蜂蜜调匀。

清热利尿

养生功效

本品可以清热利尿、增进食欲，对高血压、动脉硬化有辅助治疗作用。

芹菜芦笋汁

原料

芹菜、芦笋各150克，白糖适量。

做法

1. 芹菜、芦笋洗净，均切成小段。
2. 将所有食材放入榨汁机中，加凉白开到机体水位线间，接通电源，搅打均匀后倒入杯中，调入白糖即可。

清热除烦

养生功效

本品具有清热利水、生津祛燥等功效。

利尿消肿

养生功效

本品具有利尿消肿、润肺益气、降血脂、调节血糖、排毒养颜等功效。

西芹南瓜汁

原料

西芹、南瓜各100克，蜂蜜适量。

做法

1. 南瓜洗净，去皮，切小块，蒸熟；西芹洗净，切小段。
2. 将西芹段、南瓜块放入榨汁机中，加凉白开到机体水位线间，接通电源，搅打均匀后倒入杯中，加蜂蜜调匀即可。

清热利尿

养生功效

本品具有清热解毒、利尿消肿、化痰止渴、降脂降压等功效。

冬瓜萝卜汁

原料

冬瓜、白萝卜各100克，蜂蜜适量。

做法

1. 冬瓜洗净，去皮、去瓤，切小块；白萝卜洗净，去皮，切小块。
2. 将所有食材放入榨汁机中，加凉白开到机体水位线间，接通电源，搅打均匀后倒入杯中即可。

利水消肿

养生功效

本品具有利水消肿、清热解毒等功效。

冬瓜黄瓜汁

原料

冬瓜、黄瓜各150克，柠檬汁、蜂蜜各适量。

做法

1. 冬瓜洗净，去皮、去瓤，切小块；黄瓜洗净，切小块。
2. 将所有食材放入榨汁机中，加白开水到机体水位线间，接通电源，搅打均匀后倒入杯中即可。

清热
利水

冬瓜白菜汁

原料

冬瓜、白菜各100克，蜂蜜适量。

做法

1. 冬瓜洗净，去皮、去瓤，切小块；白菜洗净，切小段。

2. 将冬瓜块、白菜段放入榨汁机中，加凉白开到机体水位线间，接通电源，搅打均匀后倒入杯中，加适量蜂蜜调匀即可。

养生功效

本品具有清热利水、养胃生津、除烦解渴等功效。

Tips 用白菜、大葱、生姜煎汤温服，不但可以辅治感冒，对气管炎也有很好的辅治效果。

清热
解毒

西蓝花芦笋汁

原料

西蓝花、芦笋各150克，白糖、盐各适量。

做法

1. 西蓝花放入淡盐水中浸泡约15分钟，洗净，切小块，略焯；芦笋洗净，切小段。

2. 将西蓝花、芦笋放入榨汁机中，加凉白开到机体水位线间，接通电源，搅打均匀后调入白糖即可。

养生功效

本品具有清热解毒、利水祛燥等功效。

苦瓜洋葱汁

利尿
排毒

原料

苦瓜100克，洋葱70克，蜂蜜适量。

做法

1. 洋葱去皮，洗净，切小块；苦瓜洗净，去子，切小块。
2. 将苦瓜块、洋葱块放入榨汁机中，加凉白开到机体水位线间，接通电源，搅打均匀后倒入杯中即可。

养生功效

本品具有清热利尿、增进食欲、促进消化、杀菌消炎和预防感冒等功效。

胡萝卜油菜白萝卜汁

清热
润燥

原料

胡萝卜、白萝卜各150克，油菜100克，蜂蜜适量。

做法

1. 胡萝卜、白萝卜洗净，去皮，切小块；油菜洗净，焯水，切小段。
2. 将所有食材放入榨汁机中，加凉白开到机体水位线间，接通电源，搅打均匀后倒入杯中即可。

养生功效

本品具有清热润燥、散瘀消肿等功效。

CHAPTER

5

美发乌发润发

头发是人体的重要组成部分，
拥有一头亮丽乌黑的秀发，
给人一种健康清新、潇洒飘逸的感受，
所以，对头发的护理非常重要。

头发是一面反映健康的镜子

中医认为，毛发乃血液之余梢、肾脏之华表。健康的头发应该是乌黑亮泽的。有时候头发出油、枯黄等问题，并不仅仅表示你的头皮健康出现问题，很可能是身体其他部位不健康导致的。

◆ 心血亏虚

常见头发稀疏、发根萎软，伴有心慌、气短、头晕、容易疲劳、失眠、多梦、健忘、面色淡白等表现。

◆ 肝血亏虚

头发稀疏易脱落，伴有面白无华，眩晕，眼睛干涩或夜盲，肢体麻木，关节痉挛拘急，指甲、趾甲干枯易裂，女性月经量少、色淡甚至闭经。

◆ 肾精不足

头发易脱落，伴有早衰表现，牙齿不固易松动，耳鸣耳聋，精神恍惚，健忘，月经量少、周期短，性欲减退，肢体痿软乏力。

◆ 气滞血瘀

头发稀少易脱落，伴有情绪低落，自觉叹息后减轻；咽部如有痰堵，咽之不下，咳之不出；皮肤粗糙干燥；女性月经不调，痛经，且有血块。以上现象的轻重跟情绪变化有关。

◆ 血热内蕴

头发稀疏易脱落，发质油腻而细，头皮多油、多头屑，平时牙龈、鼻腔易出血，皮肤易生痤疮、疖肿，女性伴有月经量多甚至崩漏。

玩转榨汁机
让你变美变瘦变健康

养发护发营养素

要想拥有健康的头发，仅仅靠选择好的护发素是远远不够的，头发同样需要各种营养，因此保持平衡饮食，合理摄取富含蛋白质、维生素和矿物质的食品十分重要。只有保证全面合理的营养，才有利于头发的生长。

♦ 蛋白质

蛋白质摄入不足会导致头发脱落、干枯及变脆。例如，患有厌食症或节食的女性，由于摄食低热量及低蛋白的饮食，所以，常常有脱发的表现。但是调查研究也发现，过量食用蛋白质并不能阻止头发的脱落或是促进头发的生长，相反，还会起反作用。

♦ 亚麻酸

亚麻酸作为一种必需脂肪酸常见于植物油中，如红花油。虽然人体对亚麻酸的需求量很少，但是如果饮食中缺乏就会导致毛囊分泌油脂减少，引起头发干枯、失去光泽。

♦ 维生素A与胡萝卜素

维生素A是一种脂溶性维生素，它在保证皮肤和头皮正常分泌油脂方面起着重要的作用。胡萝卜素进入人体后会转化成维生素A。如果维生素A与胡萝卜素缺乏，会引起头发干枯、无光泽，头发脱落，头皮屑增多。

♦ B族维生素

B族维生素中的维生素B_1、维生素B_{12}、叶酸等在维护头发的健康方面都起着重要的作用。脂溢性皮炎就与B族维生素缺乏有关，B族维生素在保证头发的营养支持方面也起着重要的作用。

♦ 维生素C

皮脂腺分泌油脂能力的正常进行有赖于维生素C的足量摄入，否则会导致头发易折和分叉。

♦ 微量元素

微量元素中的铜、铁、硒和锌在维持头发的健康方面同样有着重要的作用。铜的缺乏会导致头发颜色变淡。而铁在保证运送到头发的血液的含氧量上起重要作用。脱发有可能与硒或锌的缺乏有关。

脱发的饮食注意事项

脱发的发病机制是比较复杂的，主要与自身内分泌失调以及排泄障碍有关。因此，在日常生活中要养成良好的饮食习惯，注意饮食营养均衡。那么脱发患者的饮食需要注意哪些事项呢？

♦ 保证营养充足

对于脱发患者而言，营养不良一直都是很常见的脱发原因，由于偏食等因素而引起的营养不良，以及因消化不良、慢性消耗性疾病而致营养不均衡或吸收障碍，均可导致头发的正常生长被抑制而进入休止期，并出现头发稀疏、枯黄、早白或脱落。

♦ 避免过度减肥节食

头发主要由蛋白质、铁等物质构成。一些人因减肥而一日三餐光吃蔬菜、水果等素食，难以补充足够的营养物质供给头发毛囊而导致脱发。

♦ 少吃高脂肪、高糖食物

膳食中要注意控制脂肪量，否则会加重脱发。过多进食甜食、油炸食品以及奶油等高脂肪、高糖食品，会引起脂肪代谢紊乱，使皮脂分泌过多，引起头发枯黄、头油过多，不利于头发的生长。

♦ 避免刺激性食物

由于辛辣刺激性食物可以刺激头皮，引起或加重头皮的瘙痒，从而加重脱发。因此，脱发患者应慎食辣椒、芥末等刺激性强的食物以及烈酒。

玩转榨汁机
让你变美变瘦变健康

养发护发的果蔬

头发和身体的其他组织器官一样，每天也进行新陈代谢。要想保持头发健康，合理膳食很重要。饮食多样化、饮食有节、荤素搭配、营养均衡，是养发护发的基本饮食要求。

番茄

番茄含有丰富的番茄红素。番茄红素是一种抗氧化剂，能帮助维持头发胶原蛋白的含量。

芦笋

芦笋含有的B族维生素和维生素C，能帮助身体更好地吸收蛋白质和矿物质，有利于头发的养护。

南瓜

南瓜富含β-胡萝卜素，在体内转化为维生素A，而维生素A是滋养头发和皮肤必需的营养素之一。能防止头发干枯、质脆、干燥、易断，从而起到养发护发的作用。

猕猴桃

猕猴桃可谓水果中的"营养之王"，富含胡萝卜素、维生素C，除了卓越的抗衰老作用，还能帮助秀发保持水分，防止头发干燥，全面改善头发状态。

胡萝卜

胡萝卜是人体获得维生素A的重要来源，维生素A有助于头发毛囊的生长代谢，能够促进与维护头皮与头发的健康生长。

蓝莓

蓝莓富含花青素，可以对抗自由基对头发的伤害。

改善发质

苹果芥蓝汁

原料

苹果150克，芥蓝100克，蜂蜜适量。

做法

1. 苹果洗净，去皮、去核，切小块；芥蓝洗净，去皮，切小块。
2. 将所有食材放入榨汁机中，加凉白开到机体水位线间，接通电源，搅打均匀后倒入杯中即可。

养生功效

本品具有改善发质、生发护发、防止脱发等功效。

促进头发生长

葡萄石榴汁

原料

葡萄200克，石榴100克，蜂蜜适量。

做法

1. 葡萄洗净，去子；石榴去皮，取子。
2. 将所有食材放入榨汁机中，加凉白开到机体水位线间，接通电源，搅打均匀后滤掉残渣，倒入杯中即可。

养生功效

本品具有促进头皮血液循环、护发养发等功效。

Tips 石榴子中含有的维生素C和花青素具有美白嫩肤、增加血管弹性的作用。

香蕉火龙果牛奶汁

原料

香蕉、火龙果各150克，牛奶100克。

做法

1. 香蕉、火龙果去皮，切小块。
2. 将所有食材放入榨汁机中，加凉白开到机体水位线间，接通电源，搅打均匀后倒入杯中即可。

养生功效

本品具有增加头发弹性的作用。

养发
护发

黑芝麻香蕉汁

原料

香蕉150克，黑芝麻20克。

做法

1. 香蕉去皮，切小块；黑芝麻洗净，晾干，炒熟，研碎。
2. 将所有食材放入榨汁机中，加凉白开到机体水位线间，接通电源，搅打均匀后倒入杯中即可。

养生功效

本品具有乌发固发的作用。

乌发
护发

黑芝麻草莓汁

原料

草莓150克，黑芝麻20克，蜂蜜、盐各适量。

做法

1. 草莓放入淡盐水中浸泡约15分钟，去蒂，洗净，切小块；黑芝麻洗净，晾干，炒熟，研碎。
2. 将草莓、黑芝麻放入榨汁机中，加凉白开到机体水位线间，接通电源，搅打均匀后倒入杯中，调入蜂蜜即可。

养生功效

本品具有乌发、防脱发的作用。

滋养
毛发

润发护发

橘子马蹄蜜汁

橘子150克，荸荠100克，蜂蜜适量。

做法

1. 橘子洗净，去皮、去子，取肉；荸荠洗净，去皮，切小块。
2. 将所有食材放入榨汁机中，加凉白开到机体水位线间，接通电源，搅打均匀后倒入杯中即可。

养生功效

本品能起到滋养毛发的作用。

Tips 荸荠性寒，脾肾虚寒、血瘀体质者不宜多食。

西瓜雪梨莲藕汁

原料

西瓜200克，雪梨100克，莲藕50克。

做法

1. 西瓜洗净，去皮、去子，切小块；雪梨洗净，去皮、去核，切小块；莲藕洗净，去皮，切小块。
2. 将所有食材放入榨汁机中，加凉白开到机体水位线间，接通电源，搅打均匀后倒入杯中即可。

养生功效

本品可以改善干枯发质，能起到美发护发的作用。

改善干枯发质

桑葚杨梅汁

原料

桑葚150克，杨梅100克，蜂蜜适量。

做法

1. 桑葚洗净；杨梅洗净，去核。
2. 将所有食材放入榨汁机中，加凉白开到机体水位线间，接通电源，搅打均匀后倒入杯中即可。

补肾护发

养生功效

本品具有补肾护发、养血乌发的功效。

去除头皮屑

养生功效

本品具有去头屑、净化血液、延缓衰老、行气化痰等功效。

木瓜橘汁

原料

木瓜150克，橘子100克。

做法

1. 木瓜、橘子洗净，去皮、去子，木瓜切小块。
2. 将所有食材放入榨汁机中，加凉白开到机体水位线间，接通电源，搅打均匀后倒入杯中即可。

木瓜哈密瓜汁

原料

木瓜、哈密瓜各150克。

做法

1. 木瓜、哈密瓜洗净，去皮、去子，均切成小块。
2. 将所有食材放入榨汁机中，加凉白开到机体水位线间，接通电源，搅打均匀后倒入杯中即可。

修复毛发组织

养生功效

本品具有修复毛发、护发养发的功效。

红枣枸杞姜汁

原料

红枣50克，枸杞子15克，姜5克，蜂蜜适量。

做法

1. 姜洗净，切碎；红枣洗净，去核；枸杞子洗净。
2. 将所有食材放入榨汁机中，加凉白开到机体水位线间，接通电源，搅打均匀后倒入杯中即可。

养生功效

本品具有补肾养发、养肝护发的功效。

补肾养发

白菜柿子汁

原料

白菜、柿子各200克。

做法

1. 白菜洗净，切小段；柿子洗净，去皮。
2. 将所有食材放入榨汁机中，加凉白开到机体水位线间，接通电源，搅打均匀后倒入杯中即可。

养生功效

本品具有润发护发、清热排毒的功效。

润发护发

Tips 柿子含有大量的鞣酸、胶质，易引发结石，因此不宜空腹食用。

抑制头皮屑

Tips 苹果的香气具有消除心理压抑感的作用。

胡萝卜苹果汁

原料

胡萝卜、苹果各100克。

做法

1. 胡萝卜洗净，去皮，切小块；苹果洗净，去皮、去核，切小块。
2. 将胡萝卜块、苹果块放入榨汁机中，加凉白开到机体水位线间，接通电源，搅打均匀后倒入杯中即可。

养生功效

本品具有抑制头皮屑生长、益气补血、消除疲劳、清心安神等功效。

预防脱发白发

胡萝卜橘汁

原料

胡萝卜、橘子各100克，柠檬1/4个。

做法

1. 胡萝卜洗净，去皮，切小块；橘子、柠檬洗净，去皮、去子。
2. 将所有食材放入榨汁机中，加凉白开到机体水位线间，接通电源，搅打均匀后倒入杯中即可。

养生功效

本品具有防脱发白发、补血明目、增强免疫力等功效。

养发
润发

胡萝卜苹果姜汁

原料

胡萝卜、苹果各100克，姜5克，蜂蜜适量。

做法

1. 胡萝卜洗净，去皮，切小块；苹果洗净，去皮、去核，切小块；姜洗净，切碎。
2. 将所有食材放入榨汁机中，加凉白开到机体水位线间，接通电源，搅打均匀后倒入杯中即可。

养生功效

本品具有养发润发、补虚明目的功效。

改善
发质

胡萝卜苹果莴笋叶汁

原料

胡萝卜、苹果各150克，莴笋叶100克，蜂蜜适量。

做法

1. 胡萝卜洗净，去皮，切小块；苹果洗净，去皮、去核，切小块；莴笋叶洗净。
2. 将所有食材放入榨汁机中，加凉白开到机体水位线间，接通电源，搅打均匀后倒入杯中即可。

养生功效

本品能够改善发质，起到美发护发的作用。

消脂瘦身美腿

对于肥胖，中医学认为其主因是阴阳失衡。
西医认为肥胖是因为代谢失衡引起的。
合理饮食，通过调节气血、促进新陈代谢，
达到消脂瘦身美腿的目的。

摄入高纤维膳食，想胖都难

食用高纤维膳食，由于它质地硬，体积相对较大，纤维粗，咀嚼的时间长，饱腹的信号由大脑传出相对增快，因此，使人饮食量大大减少，有利于减轻和控制体重。

富含膳食纤维的谷物有：麦麸、玉米、糙米、大豆、燕麦、荞麦等。

富含膳食纤维的蔬菜有：菜花、菠菜、南瓜、白菜、油菜、青椒、竹笋等。

富含膳食纤维的水果有：樱桃、酸枣、红枣、石榴、苹果、鸭梨等。

菌藻类膳食纤维含量普遍较高，平时可适当多食松蘑、香菇、银耳、木耳、海带等。

减肥燃脂的果蔬

很多减肥果蔬都有促进脂肪燃烧、预防脂肪堆积的作用，让你在享受美食的同时，也能拥有好身材。

芹菜

芹菜富含膳食纤维，能促进肠胃蠕动和排毒。同时芹菜的热量很低，是很好的减肥食物。

黄瓜

黄瓜中所含的丙醇二酸可抑制糖类物质转变为脂肪。此外，黄瓜中的膳食纤维对促进肠道蠕动和降低胆固醇有一定作用，能强身健体。

苦瓜

苦瓜不仅含有膳食纤维，可以延缓脂类的吸收。它也含有较多的维生素C，可以加速脂类代谢、增强免疫力。

菠萝

菠萝减肥的秘密在于它丰富的果汁，能有效分解脂肪。菠萝中的蛋白酶还能有效分解食物中的蛋白质，增加营养吸收。

番茄

番茄含有丰富的有机酸、果胶和番茄红素，可促进肠胃蠕动，帮助脂肪燃烧。

柠檬

柠檬所含的柠檬酸能有效将摄入的脂质快速转化代谢掉，能起到瘦身排毒、开胃消食的功效。

玩转榨汁机
让你变美变瘦变健康

防胖瘦身的饮食原则

尽管饮食不是造成肥胖的唯一原因，但控制饮食是预防肥胖的基础，也是瘦身的前提条件。

● 少吃热量高的食物

减少膳食中总热量的摄入，可促进人体储存的体脂燃烧，以达到减脂瘦身的目的。产生热量的营养素有碳水化合物、脂肪、蛋白质三类，其中脂肪的产热最高，因此，要想防止肥胖，饮食中就要以低脂肪、高蛋白质食物为主。减少肥肉、油炸食品、奶油等高脂食物的摄入。

● 三餐定时定量

肥胖的人往往食欲亢进，要防止饮食过量，做到一日三餐定时定量。自我控制是防止饮食过量的有效办法。每餐进食多少需根据个人的体重指数而定，不能根据自己的感受任意改变进食量和进餐方式。尽量不吃宵夜，以免因夜间活动量小也使热量无法消耗导致肥胖。

● 尽量少吃零食

很多人对自己一日三餐的饭量控制得很严格，对于吃零食却毫无顾忌，其实吃零食更容易发胖。比如，你边吃油炸花生米边看电视，而100克油炸花生米相当于3碗米饭的热量。因此，要想防胖瘦身，就要抵御美食的诱惑，改变爱吃零食的不良习惯。

促进新陈代谢是控制体重的关键

新陈代谢是一系列发生在体内的化学反应和生物处理过程，它们的效率越高，就越有利于瘦身。因此，吃些能促进新陈代谢的食物是减肥的简单有效方法。如麦片、全谷物、豆类、鸡蛋、酸奶、大白菜、胡萝卜、芹菜、黄瓜、菠菜、葡萄、苹果、蓝莓、柠檬、橘子等都可促进新陈代谢，平时应适量多食。

消除
赘肉

葡萄柚汁

原料

葡萄柚250克。

做法

1. 葡萄柚洗净，去皮、去子，切小块。
2. 将葡萄柚块放入榨汁机中，加凉白开到机体水位线间，接通电源，搅打均匀后倒入杯中即可。

养生功效

本品具有消除赘肉、利尿护肝、润肤减肥、预防心脑血管疾病等功效。

消脂
燃脂

葡萄柚菠萝汁

原料

葡萄柚150克，菠萝100克，盐适量。

做法

1. 葡萄柚洗净，去皮、去子，切成小块；菠萝去皮，切小块，放入淡盐水中浸泡15分钟。
2. 将葡萄柚块、菠萝块放入榨汁机中，加凉白开到机体水位线间，接通电源，搅打均匀后倒入杯中，加蜂蜜调匀即可。

养生功效

本品具有减少人体对脂肪的吸收、排毒瘦身、促进消化等功效。

哈密瓜汁

原料

哈密瓜250克。

做法

1. 哈密瓜洗净，去皮、去子，切小块。
2. 将哈密瓜块放入榨汁机中，加凉白开到机体水位线间，接通电源，搅打均匀后倒入杯中即可。

养生功效

本品具有分解脂肪、清热除烦、生津止渴等功效。

分解脂肪

山楂汁

原料

山楂200克，蜂蜜适量。

做法

1. 山楂洗净，去核，切碎。
2. 将山楂碎放入榨汁机中，加凉白开到机体水位线间，接通电源，搅打均匀后倒入杯中，加蜂蜜调匀即可。

 Tips 山楂对子宫有收缩作用，在孕妇临产时有催产之效，并能促进产后子宫复原。

养生功效

本品具有软化血管、改善血液循环、消食降压等功效。

消脂开胃

火龙果乌梅汁

原料

火龙果150克，乌梅30克，蜂蜜适量。

做法

1. 火龙果去皮，切小块；乌梅去核，洗净，切小块。
2. 将所有食材放入榨汁机中，加凉白开到机体水位线间，接通电源，搅打均匀后倒入杯中即可。

养生功效

本品具有排毒减肥、开胃消食的作用。

排毒减肥

祛脂
排毒

猕猴桃杏汁

原料

杏、猕猴桃各100克。

做法

1. 杏洗净，去核，切小块；猕猴桃洗净，去皮，切小块。

2. 将杏块、猕猴桃块放入榨汁机中，加凉白开到机体水位线间，接通电源，搅打均匀后倒入杯中即可。

养生功效

本品具有消脂利水、生津止渴、健胃消食、止咳化痰、清热解毒等功效。

菠萝姜汁

原料

菠萝150克，姜5克，蜂蜜、盐各适量。

做法

1. 菠萝去皮，切小块，放入淡盐水中浸泡15分钟；姜洗净，切碎。

2. 将菠萝块、姜碎放入榨汁机中，加凉白开到机体水位线间，接通电源，搅打均匀后倒入杯中，调入蜂蜜即可。

养生功效

本品在健胃消食的同时，还能分解体内多余的蛋白质与脂肪，可起到纤体瘦身的作用。

纤体
瘦身

草莓火龙果汁

降脂
除烦

原料

草莓50克，火龙果200克，盐少许。

做法

1. 草莓放入淡盐水中浸泡约15分钟，去蒂，洗净，切小块；火龙果去皮，切小块。
2. 将草莓块、火龙果块放入榨汁机中，加凉白开到机体水位线间，接通电源，搅打均匀后倒入杯中即可。

养生功效

本品具有降脂、清热排毒、抗感染等功效。

石榴草莓菠萝汁

原料

石榴、草莓、菠萝各100克，盐适量。

做法

1. 石榴洗净，去皮，取子；菠萝去皮，切小块，放入淡盐水中浸泡15分钟；草莓洗净，去蒂。
2. 将石榴、草莓、菠萝放入榨汁机中，加凉白开到机体水位线间，接通电源，搅打均匀后滤掉残渣，倒入杯中即可。

养生功效

本品具有排毒瘦身、软化血管、降脂等功效。

排毒
瘦身

Tips 菠萝顶头的绿蒂洗干净煮水喝，可以减轻腹泻症状。

山楂草莓柠檬汁

原料

山楂80克，草莓150克，柠檬1/4个，蜂蜜、盐各适量。

做法

1. 山楂洗净，去子，切小块；菠萝去皮，切小块，放入淡盐水中浸泡15分钟；柠檬洗净，去皮、去子，切小块。
2. 将山楂、草莓、柠檬放入榨汁机中，加凉白开到机体水位线间，接通电源，搅打均匀后倒入杯中，调入蜂蜜即可。

养生功效

本品具有消脂瘦身、降低血脂、软化血管等功效。

消脂瘦身

枇杷汁

原料

枇杷150克。

做法

1. 枇杷洗净，去皮、去核，切小块。
2. 将枇杷块放入榨汁机中，加凉白开到机体水位线间，接通电源，搅打均匀后倒入杯中即可。

养生功效

本品具有促进脂肪分解、祛痰止咳、清热健胃、止渴解暑等功效。

促进脂肪分解

Tips 枇杷叶煎服，有抑制流感病毒的作用。

木瓜汁

原料

木瓜200克，柠檬1/4个。

做法

1. 木瓜、柠檬洗净，去皮、去子，均切成小块。
2. 将木瓜块、柠檬块放入榨汁机中，加凉白开到机体水位线间，接通电源，搅打均匀后倒入杯中即可。

减肥瘦身

养生功效

本品具有减肥瘦身、净化血液、促进排毒等功效。

排毒利尿

养生功效

本品具有排除体内毒素、消暑退热、美容祛斑、降压明目等功效。

番茄芹菜汁

原料

番茄、芹菜各100克，蜂蜜适量。

做法

1. 番茄洗净，去皮，切小块；芹菜洗净，切小段。
2. 将番茄块、芹菜段放入榨汁机中，加凉白开到机体水位线间，接通电源，搅打均匀后倒入杯中，加蜂蜜调匀即可。

白萝卜汁

原料

白萝卜250克，醋、蜂蜜各适量。

做法

1. 白萝卜洗净，去皮，切成小块。
2. 将白萝卜块放入榨汁机中，加凉白开到机体水位线间，接通电源，搅打均匀后倒入杯中，调入少量醋与蜂蜜即可。

促进脂肪分解

养生功效

本品具有促进脂肪分解、止咳化痰、加快胃肠蠕动等功效。

防止脂肪沉积

养生功效

本品能够防止脂肪沉积，可起到消脂瘦身、预防感冒的作用。

白萝卜芹菜大蒜汁

原料

白萝卜、芹菜各100克，大蒜4~5瓣，蜂蜜适量。

做法

1. 白萝卜洗净，去皮，切小块；芹菜洗净，切小段；大蒜去皮，切小块。
2. 将所有食材放入榨汁机中，加凉白开到机体水位线间，接通电源，搅打均匀后倒入杯中即可。

清肠减肥

养生功效

本品具有清肠减肥、降脂瘦身的功效。

白萝卜荠菜柠檬汁

原料

白萝卜、荠菜各100克，柠檬1/4个，蜂蜜适量。

做法

1. 白萝卜洗净，去皮，切小块；荠菜洗净，略焯，切小段；柠檬洗净，去皮、去子，切小块。
2. 将所有食材放入榨汁机中，加凉白开到机体水位线间，接通电源，搅打均匀后倒入杯中即可。

减肥瘦身

养生功效

本品具有减肥瘦身、排毒养颜等功效。

胡萝卜木瓜苹果汁

原料

胡萝卜、木瓜各100克，苹果150克。

做法

1. 胡萝卜洗净，去皮，切小块；木瓜、苹果洗净，去皮、去子核，均切小块。
2. 将所有食材放入榨汁机中，加凉白开到机体水位线间，接通电源，搅打均匀后倒入杯中即可。

利尿
消肿

黄瓜汁

黄瓜250克，柠檬1/4个，白糖少许。

做法

1. 黄瓜洗净，切小块；柠檬洗净，去皮、去子，切小块。
2. 将黄瓜块、柠檬块放入榨汁机中，加凉白开到机体水位线间，接通电源，搅打均匀后倒入杯中，调入白糖即可。

养生功效

本品具有清热利尿、洁肤美容、调节血压、减脂瘦身等功效。

黄瓜薄荷汁

原料

黄瓜100克，薄荷叶3～5片，蜂蜜适量。

做法

1. 黄瓜洗净，切小块；薄荷叶洗净，切碎。
2. 将所有食材放入榨汁机中，加凉白开到机体水位线间，接通电源，搅打均匀后倒入杯中即可。

养生功效

本品具有排毒瘦身、消脂减肥、提神醒脑等功效。

排毒
瘦身

Tips 用薄荷茶洗头，可使头发清爽、消除头皮屑。

西芹生菜汁

原料

西芹、生菜各150克。

做法

1. 西芹、生菜洗净，均切成小段。
2. 将西芹段、生菜段放入榨汁机中，加凉白开到机体水位线间，接通电源，搅打均匀后倒入杯中即可。

养生功效

本品具有促进脂肪分解、清肠利便、解毒消肿、催眠镇痛、促进血液循环等功效。

排毒消脂

Tips 生菜中含有甘露醇等功能成分，有利尿和促进血液循环的作用。

西芹萝卜汁

原料

西芹、白萝卜各100克。

做法

1. 白萝卜洗净，去皮，切小块；西芹洗净，切小段。
2. 将所有食材放入榨汁机中，加凉白开到机体水位线间，接通电源，搅打均匀后倒入杯中即可。

养生功效

本品具有减少脂肪堆积、促进食欲、帮助消化、促进代谢等功效。

减少脂肪堆积

西芹黄瓜菠菜汁

降压调脂

原料

西芹、菠菜各70克,黄瓜100克,蜂蜜适量。

做法

1. 黄瓜洗净,切小块;西芹洗净,切小段;菠菜洗净,焯水,切小段。
2. 将所有食材放入榨汁机中,加凉白开到机体水位线间,接通电源,搅打均匀后倒入杯中即可。

养生功效

本品具有降脂瘦身、健脾开胃、消炎退热、清心明目等功效。

苦瓜芹菜汁

抑制脂肪吸收

原料

苦瓜、芹菜各100克,蜂蜜适量。

做法

1. 苦瓜洗净,去子,切小块;芹菜洗净,切小段。
2. 将苦瓜块、芹菜段放入榨汁机中,加凉白开到机体水位线间,接通电源,搅打均匀后倒入杯中,加蜂蜜调匀即可。

养生功效

本品具有抑制脂肪吸收、增强食欲、平肝清热、降压通便等功效。

消脂排毒

洋葱胡萝卜汁

原料

洋葱50克，胡萝卜150克，柠檬1/4个。

做法

1. 洋葱剥皮，洗净，切小块；胡萝卜洗净，去皮，切小块；柠檬洗净，去皮、去子，切小块。
2. 将所有食材放入榨汁机中，加凉白开到机体水位线间，接通电源，搅打均匀后倒入杯中即可。

养生功效

本品具有消脂排毒、促进食欲、杀菌消炎、预防感冒等功效。

消脂排毒

紫甘蓝番茄甘蔗汁

原料

紫甘蓝、番茄各100克，甘蔗200克。

做法

1. 紫甘蓝洗净，切小块；番茄、甘蔗洗净，去皮，均切成小块。
2. 将所有食材放入榨汁机中，加凉白开到机体水位线间，接通电源，搅打均匀后滤掉残渣，倒入杯中即可。

养生功效

本品具有消脂瘦身、排毒养颜、清热消肿、解酒等功效。

玩转榨汁机
让你变美变瘦变健康

调节免疫力

免疫力是人体免疫系统进行自我保护的一种能力，
主要任务是抵抗细菌或病毒等感染。
提高免疫力，可防衰老、防氧化，
帮助身体从各种不适中快速复原。
所以，要想拥有健康的身体，
就需调节自身的免疫力。

免疫力是人体最好的医生

早在2000多年前，现代医学之父希波克拉底就已指出：最好的医生就是你自己，就在人体内，它就是健康的免疫系统。免疫系统与疾病的战争是个非常复杂的过程，但在这场战争中，人体的免疫系统各环节协调运作、配合默契。下面就让我们来看一看它是如何赶走入侵者的。

皮肤是我们身体的最前线，一旦发现入侵者，就会像警铃一样发出警报，汗液和皮脂中的抗菌物质就会捉住细菌。

淋巴结就像是哨兵，当病菌入侵时，淋巴结就会肿大，提示机体的各环节身体正在受到病菌的感染，调动身体的免疫系统去努力消除病菌。

白细胞仿佛就是士兵，负责搜索、追踪、锁定目标入侵者，吞噬细胞和颗粒性细胞负责吞噬清理这些外来的入侵病菌。

干扰素是人体对多种免疫反应自然产生的一种化学物质，能起到增强自然杀伤细胞、巨噬细胞和淋巴细胞的活力，从而起到免疫调节作用，并增强身体的抵抗力。

总而言之，免疫系统明确地知道应该什么时候、在哪里、怎样恰如其分地采取行动摧毁入侵的物质，而不会伤害体内的其他细胞，是身体最好的卫士，也是体内最好的医生。

免疫力的强弱与疾病的发生、发展、治疗关系密切。当人体处于正常情况下，人体免疫系统会及时将这些物质清除掉，排出体外；而当人体处于亚健康状态时，人体免疫力会随之下降。

增强身体免疫力最简单、最有效的方法就是通过饮食调理外加运动，彻底清除体内毒素垃圾、调节体内阴阳平衡、全面均衡地补充人体所需营养。只有营养充足，身体的组织、器官才能发挥正常功能，体内各个系统的功能才能正常。人体内每个系统功能都正常工作，特别是免疫系统发挥正常功能时，人体才能抵御细菌、病毒和其他微生物以及不良环境对人体的干扰。

提高免疫力的方法

如何提高免疫力，是大家非常关心的问题。下面就介绍几种提高免疫力的方法：

♦ 保证充足的睡眠

睡眠与人体免疫力密切相关。睡眠要顺应人体的生物钟，良好的睡眠不但可以补充体力，还能促进免疫系统功能。因为，睡眠时人体会产生睡眠因子，睡眠因子可增加白细胞活力，增强肝脏解毒功能，提高身体免疫力，从而消灭侵入的细菌和病毒。

♦ 保持乐观情绪

乐观的态度有助于维持人体处于一个稳定的状态，尤其是现今社会，人们面临的压力很大，巨大的心理压力会抑制人体免疫系统，所以人体就容易受到感冒或其他疾病的侵袭。正确对待压力，把压力看作是生活不可分割的一部分，学会适度减压，以保证健康。用积极的人生观面对生活，适度解压，多接近大自然，也是增强免疫力的一种方法。

♦ 限酒戒烟

每天饮低度白酒不要超过50毫升，黄酒不要超过250毫升，啤酒不要超过500毫升，因为酒精过量会对肝脏、心脏等造成很大负担，降低人体免疫力。

吸烟对人体的危害众所周知，容易造成血管痉挛，导致局部供血减少，营养素和氧气供给减少，尤其是呼吸道黏膜得不到氧气和养分供给，抗病能力也就随之下降。

♦ 坚持参加运动

每天运动30～45分钟，例如步行、慢跑、游泳或骑脚踏车等。只有拥有健康的身体，抵抗力才能相对提高。但注意运动不要过量，要结合自己的实际情况，以免引起运动伤害。

♦ 补充维生素与矿物质

每天适当补充维生素和矿物质。专家指出，身体抵抗外来侵害的武器，包括干扰素及各类免疫细胞的数量与活力都和维生素、矿物质有关。

♦ 足部按摩

脚心中央凹陷处是肾经涌泉穴，如果经常搓脚心，有助肾气充足。搓脚心的具体方法是：盘腿而坐，左手握住左脚趾，右手掌面搓右脚心，来回连续搓100次。换脚，也是来回连续搓100次，早晚均可。热水洗脚后顺便搓脚心，效果会更佳。

提升免疫力一定要吃的果蔬

要提升免疫力，除了日常要养成良好的生活习惯之外，还要注意通过饮食来增强机体的抗氧化能力，让身体的免疫力处于最佳状态。

番茄

番茄中含有很多抗氧化因子，如番茄红素、胡萝卜素、维生素C等，这些物质均可以提高人体的免疫力。有实验证明，当人连续食用2周番茄汁后，体内番茄红素会明显增加，同时T淋巴细胞的免疫功能得到了增强。

芦荟

芦荟不仅是很好的美容食品，还是很好的保健食品，其主要功效是清热排毒、抗菌消炎，可提高身体免疫力，还能保护肝脏。

柠檬

柠檬含有丰富的维生素C和有机酸，有开胃消食、生津止渴、美白嫩肤的作用。柠檬所含的黄酮物质具有提高免疫力的作用。

西蓝花

西蓝花营养丰富，所含的胡萝卜素、维生素C、膳食纤维等可帮助身体排毒，从而提高人体的免疫力。

蘑菇

蘑菇中含丰富的矿物质硒、植物多糖、烟酸等，这些都有助于维持免疫系统的健康。

葡萄柚

葡萄柚含有丰富的维生素C、类黄酮，可以增加免疫系统的活力，排毒养颜。

香蕉

香蕉是钾、色氨酸和维生素B_6的良好来源，可促使大脑制造血清素，从而减少抑郁情绪。保持轻松的心情可以有效提高免疫力。另外，香蕉含有生物碱，有助于提振精神、提高信心。

玩转榨汁机
让你变美变瘦变健康

调节免疫力果蔬汁

雪梨芒果汁

原料

雪梨、芒果各100克。

做法

1. 雪梨、芒果洗净，均去皮、去核，切小块。

2. 将所有食材放入榨汁机中，加凉白开到机体水位线间，接通电源，搅打均匀后倒入杯中即可。

养生功效

本品具有调节内分泌、生津润燥、清热化痰等功效。

调节
内分泌

菠萝番茄汁

原料

菠萝150克，番茄100克，蜂蜜、盐各适量。

做法

1. 菠萝去皮，切小块，放入淡盐水中浸泡15分钟；番茄洗净，去皮，切小块。

2. 将上述食材放入榨汁机中，加凉白开到机体水位线间，接通电源，搅打均匀后倒入杯中，调入蜂蜜即可。

养生功效

本品能够增强身体免疫力，可提高抗病能力。

提高
抵抗力

Tips 做果蔬汁剩下的菠萝皮，可放在屋子里吸附各种有害气味，可以净化空气。

促进新陈代谢

哈密瓜黄瓜马蹄汁

原料

哈密瓜200克，黄瓜、荸荠各100克。

做法

1. 哈密瓜洗净，去皮、去子，切小块；黄瓜洗净，切小块；荸荠洗净，去皮，切小块。
2. 将所有食材放入榨汁机中，加凉白开到机体水位线间，接通电源，搅打均匀后倒入杯中即可。

养生功效

本品能够利尿通便、化湿祛痰、消食除胀，可促进机体的新陈代谢。

红黄甜椒汁

原料

红甜椒、黄甜椒各100克，蜂蜜适量。

做法

1. 红、黄甜椒洗净，去子，均切成小块。
2. 将所有食材放入榨汁机中，加凉白开到机体水位线间，接通电源，搅打均匀后倒入杯中即可。

养生功效

本品能够促进机体的新陈代谢，防止体内脂肪堆积，从而增强抗病能力。

抗氧化

玩转榨汁机
让你变美变瘦变健康

秋葵汁

提高机体抗病能力

原料

秋葵150克，蜂蜜适量。

做法

1. 秋葵洗净，切小块。

2. 将所有食材放入榨汁机中，加凉白开到机体水位线间，接通电源，搅打均匀后倒入杯中即可。

养生功效

本品具有提高机体抗病能力、排毒抗炎的作用。

番茄山楂蜜汁

原料

番茄200克，山楂50克，蜂蜜适量。

做法

1. 番茄洗净，去皮，切小块；山楂洗净，去子，切小块。

2. 将所有食材放入榨汁机中，加凉白开到机体水位线间，接通电源，搅打均匀后倒入杯中即可。

养生功效

本品具有清除体内自由基、延缓机体衰老、开胃解腻的功效。

消除体内自由基

Tips 炖肉时放点山楂，可解油腻，并使肉质更滑嫩。

提高
免疫力

养生功效

本品具有提高免疫力、防止脑神经老化等功效。

圆白菜蓝莓汁

原料

圆白菜150克，蓝莓100克，蜂蜜适量。

做法

1. 圆白菜洗净，切小块；蓝莓洗净，切小块。
2. 将所有食材放入榨汁机中，加凉白开到机体水位线间，接通电源，搅打均匀后倒入杯中即可。

排毒、
抗辐射

养生功效

本品能够提高机体免疫力，排毒降压。

芹菜黄瓜海带汁

原料

芹菜150克，黄瓜100克，水发海带50克，蜂蜜适量。

做法

1. 芹菜、黄瓜、水发海带洗净，均切成小块。
2. 将所有食材放入榨汁机中，加凉白开到机体水位线间，接通电源，搅打均匀后倒入杯中即可。

增强
体力与
免疫力

养生功效

本品具有消除疲劳、增强体力、提高免疫力的作用。

芹菜大蒜汁

原料

芹菜150克，大蒜3～5瓣，蜂蜜适量。

做法

1. 芹菜洗净，切小段；大蒜去皮，切碎。
2. 将所有食材放入榨汁机中，加凉白开到机体水位线间，接通电源，搅打均匀后倒入杯中即可。

黑芝麻酸奶木瓜汁

排毒、抗氧化

原料

木瓜150克，黑芝麻30克，酸奶100克，蜂蜜适量。

做法

1. 木瓜洗净，去皮、去子，切小块；黑芝麻炒熟，研碎。
2. 将所有食材放入榨汁机中，加凉白开到机体水位线间，接通电源，搅打均匀后倒入杯中即可。

养生功效

本品能够清除体内过氧化物，增强身体的抗病能力。

洋葱彩椒汁

抑菌、抗辐射

原料

洋葱、红彩椒各100克，蜂蜜适量。

做法

1. 洋葱洗净，去皮，切小块；红彩椒洗净，去子，切小块。
2. 将所有食材放入榨汁机中，加凉白开到机体水位线间，接通电源，搅打均匀后倒入杯中即可。

养生功效

本品具有消炎抑菌、提高免疫力、促进食欲的作用。

南瓜柑橘汁

预防
感冒

原料

南瓜100克，柑橘150克，蜂蜜适量。

做法

1. 南瓜洗净，去皮、去子，蒸熟，切小块；柑橘洗净，去皮、去子，切小块。
2. 将所有食材放入榨汁机中，加凉白开到机体水位线间，接通电源，搅打均匀后倒入杯中即可。

养生功效

本品能够提高机体免疫力，可以预防感冒。

Tips 南瓜肉与豆腐一起煮熟食用，可辅治便秘。

茴香甜橙姜汁

促进血
液循环

原料

茴香50克，甜橙150克，姜5克，蜂蜜适量。

做法

1. 茴香洗净，切小段；甜橙洗净，去皮、去子，切小块；姜洗净，切碎。
2. 将所有食材放入榨汁机中，加凉白开到机体水位线间，接通电源，搅打均匀后倒入杯中即可。

养生功效

本品具有促进血液循环、增进食欲、祛痰止咳的功效。茴香所含有的具有抗炎性能的茴香脑，还能阻止癌细胞的生长。

玩转榨汁机
让你变美变瘦变健康

不同人群清肺抗霾果蔬汁

近年来，受到环境的影响，有许多城市
陆续出现了雾霾天气。雾霾严重影响身体健康，
直接侵犯人体呼吸系统。
不同年龄段的人群，
由于体质差异所受到雾霾的侵害也各不相同，
因此，在抵抗雾霾侵袭时需区别对待。

儿童：提高呼吸系统功能很重要

儿童呼吸系统发育不完善，呼吸道短，鼻腔较窄，黏膜薄弱，比成人更容易受到雾霾天气的侵害，造成咽喉、气管等部位的痛痒不适，还可引起呼吸系统疾病的发生。因此，保护好儿童的呼吸系统，提高儿童的抗雾霾能力很重要。

首先，雾霾天气应减少户外运动，尽量让孩子待在室内，并减少开窗通风时间，等太阳出来后再开窗通风。

其次，家长应帮助孩子选择合适的棉质、防过敏的口罩，且注意口罩应与孩子的脸部贴合，防止粉尘从不密合处进入，选择口罩最好的办法是带孩子到药店挑选。

再次，要让孩子及时清洗脸部和鼻腔，将附着在皮肤上的污染颗粒清洁干净。对于鼻腔的清洗方法，可以让孩子洗净双手后手捧温水，用鼻子轻轻吸水并迅速擤鼻涕，重复这个动作数次，鼻腔里的脏东西就可以清理干净了。另外，还要注意经常让孩子漱口，清除附着在口腔的脏东西。

除上述措施外，家长可以多让孩子食用一些具有润肺除燥、祛痰止咳、健脾补肾作用的果蔬，如梨、枇杷、橙子、冬瓜、丝瓜、番茄等食物。

女性：润肺、洁肤、抗氧化

女性的呼吸方式和男性的呼吸方式略有不同，女性多通过胸腔呼吸，而男性则多通过腹部呼吸。而雾霾含有很多可吸入颗粒物，一旦将这种颗粒物吸入肺部，就可能引发呼吸道疾病。另外，雾霾的污染物还会与皮肤直接接触，皮肤的水油平衡被打破，变得缺水、粗糙。如果污染物中含有自由基和炎症因子，还会造成皮肤过敏。因此，在雾霾天气来临时，女性朋友还应做好自我保健。

遇到雾霾天气，应尽量减少外出与户外运动，避免大量吸入颗粒物和有害气体。如必须外出，应佩戴具有防雾霾功能的口罩，并随身携带湿纸巾，可以随时对附着在皮肤上的有害颗粒物进行擦拭与清理。

雾霾天还可以多摄入一些富含蛋白质、维生素C、维生素A等营养成分的食物，不但能及时修复受损的细胞组织，还可以起到抗氧化、提高机体免疫力的作用。

男性：清肺护肝保健康

雾霾会影响人体的健康，特别是呼吸系统健康，同时也会对人的心理造成不小的影响。从心理上说，雾霾天会给人沉闷、压抑的感觉，使人产生心情烦躁、肝火旺、情绪低落的现象。因此，在抵御雾霾天气时，不仅需要从生理上进行防护，还要在心理上采取应对措施。

雾霾天气里，不但要减少外出与户外活动，即使外出也要带防雾霾口罩。在饮食上还需多吃一些清肺、疏肝、解郁的果蔬，保证新陈代谢的正常，以便毒素的及时排出，减少雾霾对身体的侵害。

清肺润燥食物是指具有清热、利湿、排毒的食物。可以吃些白色果蔬，如白菜、冬瓜、白萝卜、莲藕、梨、荸荠等。

护肝解郁的食物是指具有疏肝、理气、解郁作用的食物。可以吃莲藕、白萝卜、芹菜、茼蒿、番茄、橙子、柚子、柑橘、佛手瓜等。

老年人：促进新陈代谢、抗老化

老年人常伴有高血压、糖尿病、冠心病、慢性支气管炎、哮喘等，而雾霾天气空气中漂浮着粉尘、烟尘及尘螨等，特别是空气中的各种颗粒物会诱发这些疾病，并加剧其症状。那么老年人平时应该如何防范雾霾呢？

首先，雾霾天要少出门，患有慢性病的老年人更不宜做户外锻炼，以免诱发慢性病急性发作。如果想锻炼，最好选择空气质量相对较好、能见度相对较高的时段进行，地点以树多草多的地方为好。

其次，外出进入室内后，要及时换成居家服，防止有害颗粒物对身体的危害。要及时洗脸、漱口、清理鼻腔。最好用温水，可以将附着的颗粒物有效清除干净。清理鼻腔时一定要轻轻吸水，避免呛咳。

最后，面对雾霾天气要避免过度劳累，多喝水。注意饮食清淡，多吃具有促进新陈代谢、排毒润肺作用的食物，如洋葱、大蒜、海带、苹果、梨、百合等。

生津润燥

葡萄猕猴桃马蹄汁

原料

葡萄150克，猕猴桃、荸荠各100克。

做法

1. 葡萄洗净，去子；猕猴桃、荸荠洗净，去皮，均切成小块。
2. 将所有食材放入榨汁机中，加凉白开到机体水位线间，接通电源，搅打均匀后倒入杯中即可。

养生功效

本品能够清热化痰、生津润燥，预防呼吸道疾病。

帮助肺部排毒

猕猴桃椰汁

原料

猕猴桃150克，椰汁250克。

做法

1. 猕猴桃洗净，去皮，切小块。
2. 将所有食材放入榨汁机中，接通电源，搅打均匀后倒入杯中即可。

养生功效

本品具有帮助肺部排毒、生津解渴、迅速缓解疲劳、补充体力等功效。

Tips 洗完脸后，用去皮后的猕猴桃均匀涂抹在脸部并进行按摩，对改善毛孔粗大有较好的效果。

百合圆白菜汁

原料

鲜百合50克，圆白菜150克，蜂蜜适量。

做法

1. 百合洗净备用；圆白菜洗净，切成小块。
2. 将所有食材放入榨汁机中，加凉白开到机体水位线间，接通电源，搅打均匀后倒入杯中即可。

增强肺部功能

养生功效

本品具有增强肺部功能、润肺止咳、清心安神等功效。

白萝卜雪梨橄榄汁

原料

白萝卜、雪梨各150克，鲜橄榄100克，蜂蜜适量。

做法

1. 百合洗净备用；雪梨、鲜橄榄洗净，去皮、去核，均切小块。
2. 将所有食材放入榨汁机中，加凉白开到机体水位线间，接通电源，搅打均匀后倒入杯中即可。

润肺止咳

养生功效

本品具有润肺止咳、清热解毒、利咽化痰等功效。

莲藕马蹄汁

原料

莲藕、荸荠各150克。

做法

1. 莲藕、荸荠洗净，去皮，均切成小块。
2. 将所有食材放入榨汁机中，加凉白开到机体水位线间，接通电源，搅打均匀后倒入杯中即可。

生津润肺

养生功效

本品具有生津润肺、凉血生津、化湿祛痰等功效。

适合女性常喝的果蔬汁

润肺
开胃

本品具有延缓皮肤老化、抑制色素沉着、促进肌肤新陈代谢等功效。

香瓜芹菜汁

原料

香瓜、芹菜各150克,柠檬1/4个,蜂蜜适量。

做法

1. 香瓜、柠檬洗净,去皮、去子,均切成小块;芹菜洗净,切小段。
2. 将所有食材放入榨汁机中,加凉白开到机体水位线间,接通电源,搅打均匀后倒入杯中即可。

抗氧化

养生功效

本品具有抗氧化、除烦生津、清除体内毒素等功效。

葡萄哈蜜瓜蓝莓汁

原料

葡萄、哈密瓜各150克,蓝莓100克,蜂蜜适量。

做法

1. 葡萄洗净,去子;哈密瓜洗净,去皮、去子,切小块;蓝莓洗净备用。
2. 将所有食材放入榨汁机中,加凉白开到机体水位线间,接通电源,搅打均匀后倒入杯中即可。

增强
抗过敏
能力

养生功效

本品具有增强抗过敏能力、促进皮肤细胞代谢、防止皮肤粗糙及色素沉着等功效。

小白菜草莓汁

原料

小白菜100克,草莓200克,蜂蜜适量。

做法

1. 小白菜洗净,切小段;草莓去蒂,洗净,切小块。
2. 将所有食材放入榨汁机中,加凉白开到机体水位线间,接通电源,搅打均匀后倒入杯中即可。

番茄彩椒香蕉汁

原料

番茄200克，彩椒、香蕉各100克，蜂蜜适量。

做法

1. 番茄洗净，去皮，切小块；彩椒洗净，去子，切小块；香蕉去皮，切小块。
2. 将所有食材放入榨汁机中，加凉白开到机体水位线间，接通电源，搅打均匀后倒入杯中即可。

养生功效

本品具有抗氧化、防癌、清除体内垃圾、防辐射等功效。

抗氧化、防癌

Tips 取香蕉皮30~60克，煎汤服用，可防治高血压。

西蓝花胡萝卜汁

原料

西蓝花200克，胡萝卜150克，蜂蜜、盐各适量。

做法

1. 西蓝花放入淡盐水中浸泡约15分钟，洗净，切小块，焯水备用；胡萝卜洗净，去皮，切小块。
2. 将西蓝花、胡萝卜放入榨汁机中，加凉白开到机体水位线间，接通电源，搅打均匀后调入蜂蜜，倒入杯中即可。

养生功效

本品具有提高抗氧化能力、增强肝脏解毒能力、增强机体免疫力等功效。

提高抗氧化能力

护肝
清肺

葡萄猕猴桃汁

原料

葡萄200克，猕猴桃150克。

做法

1. 葡萄洗净，去子；猕猴桃洗净，去皮，切小块。
2. 将所有食材放入榨汁机中，加凉白开到机体水位线间，接通电源，搅打均匀后倒入杯中即可。

养生功效

本品具有护肝除燥、调中理气、消除疲劳等功效。

雪梨柚子汁

原料

雪梨200克，柚子150克。

做法

1. 雪梨洗净，去皮、去核，切小块；柚子去皮、去子，切小块。
2. 将所有食材放入榨汁机中，加凉白开到机体水位线间，接通电源，搅打均匀后倒入杯中即可。

养生功效

本品具有清热祛痰、润肺、消炎降火等功效。

清热
祛痰

Tips 将梨皮洗净切碎，加冰糖炖服，能化痰止咳。

西瓜鲜橙汁

原料

西瓜150克，橙子100克。

做法

1. 西瓜、橙子洗净，去皮、去子，均切成小块。
2. 将西瓜块、橙子块放入榨汁机中，加凉白开到机体水位线间，接通电源，搅打均匀后倒入杯中即可。

抗氧化、利尿

养生功效

本品具有补充体力、促进血液循环、降血脂、助消化等功效。

排毒养肺

养生功效

本品具有排毒、消炎杀菌等功效。

番茄西蓝花汁

原料

番茄200克，西蓝花150克，盐少许。

做法

1. 番茄洗净，去皮，切小块；西蓝花放入淡盐水中浸泡约15分钟，洗净，切小块，焯水备用。
2. 将番茄、西蓝花放入榨汁机中，加凉白开到机体水位线间，接通电源，搅打均匀后倒入杯中即可。

白萝卜紫甘蓝苹果汁

原料

白萝卜、紫甘蓝各50克，苹果150克。

做法

1. 苹果洗净，去皮、去核，切小块；白萝卜、紫甘蓝洗净，切小块。
2. 将所有食材放入榨汁机中，加凉白开水到机体水位线间，接通电源，搅打均匀后倒入杯中即可。

清热润肺、止咳化痰

养生功效

本品具有清热润肺、止咳化痰、养胃补虚、促进血液循环等功效。

西蓝花果醋汁

改善血液循环

原料

西蓝花200克，苹果醋100克，白糖适量。

做法

1. 西蓝花洗净，切小块，焯水备用。

2. 将所有食材放入榨汁机中，加凉白开到机体水位线间，接通电源，搅打均匀后倒入杯中，调入白糖即可。

养生功效

本品具有改善血液循环、开胃护肝、增强新陈代谢等功效。

柳橙菠菜汁

调脂降压、促循环

原料

柳橙200克，菠菜150克。

做法

1. 柳橙洗净，去皮、去子，切小块；菠菜洗净，焯水，切小段。

2. 将所有食材放入榨汁机中，加凉白开到机体水位线间，接通电源，搅打均匀后倒入杯中即可。

养生功效

本品具有调脂降压、抗氧化、抗凝血、抗炎等功效。

促进新陈代谢

Tips 芦荟被誉称为"神奇的天然美容师",同时具有美白、保湿、防晒、祛斑、排毒、消炎的功效。

芦荟香瓜橘汁

原料

芦荟50克，香瓜150克，橘子100克。

做法

1. 芦荟洗净，切小块；香瓜洗净，去皮、去子，切小块；橘子去皮、去子，切小块。
2. 将所有食材放入榨汁机中，加凉白开到机体水位线间，接通电源，搅打均匀后倒入杯中即可。

养生功效

本品具有促进新陈代谢、抗菌消炎、增强免疫力等功效。

排毒抗衰

丝瓜苹果汁

原料

丝瓜150克，苹果200克。

做法

1. 丝瓜洗净，去皮，切小段；苹果洗净，去皮、去核，切小块。
2. 将所有食材放入榨汁机中，加凉白开到机体水位线间，接通电源，搅打均匀后倒入杯中即可。

养生功效

本品具有排毒抗衰、活血通络、清热润肤等功效。

芹菜胡萝卜汁

原料

芹菜、胡萝卜各100克，柠檬1/4个。

做法

1. 芹菜洗净，切小段；胡萝卜洗净，去皮，切小块；柠檬洗净，去皮、去子，切块。
2. 将所有食材放入榨汁机中，加凉白开到机体水位线间，接通电源，搅打均匀后倒入杯中即可。

养生功效

本品具有降压除烦、凉血排毒、补气养血、增强人体抵抗力等功效。

凉血排毒

蜂蜜牛奶胡萝卜汁

原料

蜂蜜30克，胡萝卜200克，牛奶200克。

做法

1. 胡萝卜洗净，去皮，切小块。
2. 将所有食材放入榨汁机中，加凉白开到机体水位线间，接通电源，搅打均匀后倒入杯中即可。

养生功效

本品具有防止血管硬化、清热解毒、利咽止咳等功效。

调脂又润肺

辨清体质巧调养

养生是一门大学问，
不同体质的人养生的方法也不一样。
科学饮食能增强人的体质，
如果饮食失宜，必然影响人的健康。
因此，根据自己的体质选择适宜的饮食，
有助于体质的健康调养，实现养生保健的效果。

人体9种体质的自我判断

由于个体体质存在着差异，所以不同人适合不同的养生方法。养生方法对于个体来说不是固定的、一成不变的。最好的养生方法不是吃最贵的、补最好的，而是清楚自己是什么体质，只有了解了自己的体质，才能找到最适合自己的养生方法。

⬥ 平和体质

平和体质是正常体质，这类人体形匀称健壮，面色、肤色润泽，头发稠密有光泽，目光有神，唇色红润，不易疲劳，精力充沛，睡眠、食欲好，大小便正常，性格随和开朗，不易患病。

⬥ 阳虚体质

阳虚体质的人肌肉不健壮，时感手脚发凉，胃脘部、背部或腰膝部怕冷，衣服比别人穿得多，夏天不喜吹空调，喜欢安静，进食寒凉食物不舒服，小便清而量多，性格多沉闷、内向，易出现寒证、腹泻、阳痿等。

⬥ 阴虚体质

阴虚体质的人体形多瘦长，经常感到手心、脚心发热，面颊潮红，耐受不了夏天的暑热，常感到眼睛干涩、口干咽燥，总想喝水，皮肤干燥，性情急躁，舌质偏红、苔少，易患咳嗽、干燥综合征、甲亢等。

玩转榨汁机
让你变美变瘦变健康

♦ 气虚体质

气虚体质的人经常感觉疲乏，气短，讲话的声音低弱，容易出汗，舌边有齿痕。易患感冒，生病后抗病能力弱且难以痊愈，还易患内脏下垂比如胃下垂等。

♦ 痰湿体质

痰湿体质的人体形肥胖、腹部肥满而松软，容易出汗，经常感觉肢体酸困沉重、不轻松，经常感觉脸上一层油，嘴里常有黏黏的或甜腻的感觉，嗓子老有痰，舌苔较厚，性情比较温和，易患消渴、脑卒中、胸痹等。

♦ 湿热体质

湿热体质的人面部和鼻尖总是油光发亮，脸上容易生粉刺，皮肤容易瘙痒，常感到口苦、口臭或嘴里有异味，大便黏滞不爽，小便有发热感、尿色发黄，女性常白带色黄，男性阴囊总是潮湿多汗，易患疮疖、黄疸等病。

♦ 血瘀体质

血瘀体质的人面色偏暗，嘴唇颜色偏深，舌下静脉瘀紫，皮肤比较粗糙、易出现瘀青，眼睛里的红血丝很多，刷牙时牙龈易出血，性情急躁，易患冠心病、脑血栓、出血性疾病。

♦ 气郁体质

气郁体质的人体形偏瘦，常闷闷不乐、情绪低沉，容易紧张、焦虑不安，多愁善感、感情脆弱，常感乳房及两胁胀痛、胸闷，经常无缘无故地叹气，咽喉部经常有堵塞感或异物感，容易失眠，易患失眠、抑郁症、神经官能症、乳腺增生等。

♦ 特禀体质

特禀体质是一类体质特殊的人群。即使不感冒也经常鼻塞、打喷嚏、流鼻涕，容易对药物、食物、气味、花粉、季节过敏，皮肤容易起荨麻疹，易患哮喘、皮肤炎等。

不同体质的饮食宜忌

由于工作节奏快、不注重锻炼、饮食不当等原因，造成身体过度消耗，常出现精力不足、容易疲惫等不同体质表现。对于不同体质，其养生要点与饮食宜忌也各不相同。

♦ 阳虚体质

养生要点：温阳补气。注意腹泻、阳痿等疾病。

对策：可多食牛肉、羊肉、韭菜、生姜、洋葱等温阳之品。少食梨、西瓜、荸荠等生冷寒凉食物，少饮绿茶。

♦ 阴虚体质

养生要点：滋阴润燥。注意甲亢等疾病。

对策：可多吃鸭肉、绿豆、冬瓜等甘凉滋润之品，少食羊肉、韭菜、辣椒、葵花子等性温燥烈之品。忌熬夜，避免在高温酷暑下工作。

♦ 气虚体质

养生要点：益气健脾。注意胃下垂等疾病。

对策：可多吃益气健脾的食物，如黄豆、白扁豆、鸡肉、香菇、红枣、桂圆、蜂蜜等。少吃耗气的食物，如空心菜、生萝卜等。

♦ 痰湿体质

养生要点：健脾化湿、益肾利水。注意糖尿病、心肌梗死等疾病。

对策：可以适当多食大米、糯米、燕麦、荞麦、小米、玉米、薏米、红豆、绿豆、冬瓜、苦瓜、黄瓜等。少食肥甘厚味，滋补油腻以及酸涩苦寒之品，如肥肉、龟鳖、燕窝、银耳、核桃、醋、糕点、糖果、煎炸熏烤食品等。

♦ 湿热体质

养生要点：清热利湿。注意皮肤湿疹、带下病等疾病。

对策：多食用清凉泻火、化湿利水的食物，如薏米、带心莲子、红豆、蚕豆、绿豆、绿豆芽、鲫鱼、海带、紫菜、牡蛎、冬瓜、丝瓜、莲藕、梨等。少食辣椒、大蒜、桂圆、芒果、奶油、羊肉等。

♦ 血瘀体质

养生要点：行气活血、温散化瘀。注意冠心病、肿瘤等疾病。

对策：多食陈皮、黑豆、黄豆、山楂、木耳、香菇、平菇、洋葱、韭菜、茴香、茄子、油菜、玫瑰花、海参、红糖、花椒等。少食乌梅、苦瓜、李子、石榴、酸枣、柠檬等。

♦ 气郁体质

养生要点：理气解郁。注意抑郁症、神经症等疾病。

对策：多食大麦、荞麦、高粱、刀豆、蘑菇、豆豉、苦瓜、白萝卜、洋葱、菊花、玫瑰花等。少食乌梅、南瓜、泡菜、石榴、青梅、杨梅、草莓、杨桃、酸枣、李子、柠檬、冰激凌等。

♦ 特禀体质

养生要点：清热滋阴、抗过敏。注意哮喘、荨麻疹等过敏性疾病。

对策：多食大米、小米、小麦、大麦、薏米、荞麦、绿豆、红豆、蚕豆、豇豆、丝瓜、冬瓜、番茄、白菜、梨、苹果、香蕉等。少食生冷、辛辣、肥甘油腻的食物和荤腥发物，比如酒、海产品、辣椒、肥肉、浓茶、咖啡等。

醒脑
提神

香蕉菠萝圆白菜汁

原料

香蕉、菠萝各150克，圆白菜100克，蜂蜜、盐各适量。

做法

1. 香蕉、菠萝去皮，切小块，菠萝放入淡盐水中浸泡15分钟；圆白菜洗净，切小块。

2. 将香蕉、菠萝、圆白菜放入榨汁机中，加凉白开到机体水位线间，接通电源，搅打均匀后调入蜂蜜，倒入杯中即可。

养生功效

本品具有醒脑提神、疏肝解郁、安神定志、改善免疫系统功能等功效。

补血
益气

草莓蛋黄牛奶汁

原料

草莓200克，熟蛋黄1个，牛奶100克，蜂蜜、盐各适量。

做法

1. 草莓放入淡盐水中浸泡约15分钟，去蒂，洗净，切小块；熟蛋黄切碎。

2. 将草莓、熟蛋黄、牛奶放入榨汁机中，加凉白开到机体水位线间，接通电源，搅打均匀后调入蜂蜜，倒入杯中即可。

养生功效

本品具有补血益气、提神醒脑、活血强身、镇静止痛等功效。

Tips 将蛋清加一些面粉，调成糊状，涂抹在洗干净的脸上，15分钟后洗去，可使面部皮肤变得细腻光滑。

草莓雪梨汁

养肝
益气

原料

草莓200克，雪梨150克，蜂蜜、盐各适量。

做法

1. 草莓放入淡盐水中浸泡约15分钟，去蒂，洗净，切小块；雪梨洗净，去皮、去核，切小块。
2. 将草莓、雪梨、蜂蜜放入榨汁机中，加凉白开到机体水位线间，接通电源，搅打均匀后倒入杯中即可。

养生功效

本品具有养肝益气、清心润肺、调和脾胃等功效。

南瓜椰汁

补中
益气

原料

南瓜200克，椰汁150克，蜂蜜适量。

做法

1. 南瓜洗净，去皮、去子，蒸熟，切小块。
2. 将所有食材放入榨汁机中，加凉白开到机体水位线间，接通电源，搅打均匀后倒入杯中即可。

养生功效

本品具有补中益气、温润脾胃、强健肌肤等功效。

理气
补血

苹果橘子胡萝卜汁

原料

苹果、橘子各150克，胡萝卜100克，蜂蜜适量。

做法

1. 苹果洗净，去皮、去核，切成小块；橘子去皮、去子，切小块；胡萝卜洗净，去皮，切小块。
2. 将所有食材放入榨汁机中，加凉白开到机体水位线间，接通电源，搅打均匀后倒入杯中即可。

养生功效

本品具有理气补血、宁神安眠、消除疲劳等功效。

Tips 将橘皮用火烤焦，研成粉末，再用植物油调匀，抹在冻疮处，具有辅治作用。

荔枝柠檬汁

原料

荔枝250克，柠檬1个，蜂蜜适量。

做法

1. 荔枝去壳、去核；柠檬去皮、去子，切小块。
2. 将所有食材放入榨汁机中，加凉白开到机体水位线间，接通电源，搅打均匀后倒入杯中即可。

养生功效

本品具有补血养血、补脾益肝、理气散结等功效。

补血
养血

玩转榨汁机
让你变美变瘦变健康

补血
益气

樱桃南瓜汁

原料

樱桃200克，南瓜150克。

做法

1. 樱桃洗净，去核；南瓜洗净，去皮、去子，切小块，蒸熟。
2. 将所有食材放入榨汁机中，加凉白开到机体水位线间，接通电源，搅打均匀后倒入杯中即可。

养生功效

本品具有促进血液循环、补中益气、护肝补肾等功效。

菠萝桂圆红枣汁

温补
阳气

原料

菠萝200克，桂圆50克，红枣30克，盐适量。

做法

1. 菠萝去皮，切小块，入淡盐水中浸泡15分钟；桂圆去皮、去核；红枣洗净，去核。
2. 将菠萝、桂圆、红枣放入榨汁机中，加凉白开到机体水位线间，接通电源，搅打均匀后倒入杯中即可。

养生功效

本品具有温补阳气、益心脾、补气血、安神志等功效。

猕猴桃菠菜油菜汁

原料

猕猴桃150克，菠菜、油菜各100克，蜂蜜适量。

做法

1. 猕猴桃去皮，切小块；菠菜、油菜洗净，焯水，均切成小段。
2. 将所有食材放入榨汁机中，加凉白开到机体水位线间，接通电源，搅打均匀后倒入杯中即可。

养生功效

本品具有疏肝养血、促进细胞增殖、养颜美容等功效。

樱桃柚子汁

原料

樱桃200克，柚子150克。

做法

1. 樱桃洗净，去核；柚子去皮、去子，切小块。
2. 将所有食材放入榨汁机中，加凉白开到机体水位线间，接通电源，搅打均匀后倒入杯中即可。

养生功效

本品能够养血补虚、健脑益智、开胃消食。

胡萝卜苹果醋汁

原料

胡萝卜200克，苹果醋100克，蜂蜜适量。

做法

1. 胡萝卜洗净，去皮，切小块。
2. 将所有食材放入榨汁机中，加凉白开到机体水位线间，接通电源，搅打均匀后倒入杯中即可。

养生功效

本品具有促进血液循环、降压强心、健脾消食等功效。

促进血液循环

胡萝卜荔枝樱桃汁

原料

胡萝卜200克，荔枝、樱桃各100克。

做法

1. 胡萝卜洗净，去皮，切小块；荔枝去壳、去核；樱桃洗净，去核。
2. 将所有食材放入榨汁机中，加凉白开到机体水位线间，接通电源，搅打均匀后倒入杯中即可。

养生功效

本品具有温肾助阳、补虚益气、养血安神、健脾和胃等功效。

温肾助阳

南瓜红枣汁

原料

南瓜200克，红枣50克。

做法

1. 南瓜洗净，去皮、去子，切小块，蒸熟；红枣洗净，去核。
2. 将所有食材放入榨汁机中，加凉白开到机体水位线间，接通电源，搅打均匀后倒入杯中即可。

养生功效

本品具有暖身祛寒、温肾助阳、养血益气等功效。

暖身祛寒

西瓜马蹄汁

原料

西瓜200克，荸荠100克。

做法

1. 西瓜洗净，去皮、去子，切小块；荸荠洗净，去皮，切小块。

2. 将所有食材放入榨汁机中，加凉白开到机体水位线间，接通电源，搅打均匀后倒入杯中即可。

养生功效

本品具有滋阴补虚、清热解暑、生津止渴、利尿除烦等功效。

滋阴
润燥

猕猴桃雪梨汁

原料

猕猴桃150克，雪梨200克。

做法

1. 猕猴桃洗净，去皮，切小块；雪梨洗净，去皮、去核，切小块。

2. 将所有食材放入榨汁机中，加凉白开到机体水位线间，接通电源，搅打均匀后倒入杯中即可。

养生功效

本品具有养阴清热、生津润燥、利尿除烦等功效。

养阴
清热

清热
润燥

莲藕百合蜂蜜汁

原料

莲藕150克，鲜百合100克，蜂蜜适量。

做法

1. 莲藕洗净，去皮，切小块；百合洗净。
2. 将所有食材放入榨汁机中，加凉白开到机体水位线间，接通电源，搅打均匀后倒入杯中即可。

养生功效

本品具有补虚益气、清肺润燥、宁心安神等功效。

Tips　生藕性寒，清热润肺。做熟后，藕性由寒变温，可健脾开胃、止泻固精。

清热
除燥

白萝卜黄瓜汁

原料

白萝卜、黄瓜各150克，蜂蜜适量。

做法

1. 白萝卜、黄瓜洗净，白萝卜去皮，均切成小块。
2. 将所有食材放入榨汁机中，加凉白开到机体水位线间，接通电源，搅打均匀后倒入杯中即可。

养生功效

本品具有清热除燥、化痰止咳、顺气利便等功效。

消肿
祛湿

火龙果菠萝汁

原料

火龙果200克，菠萝150克，蜂蜜、盐各适量。

做法

1. 火龙果、菠萝去皮，均切成小块，菠萝入淡盐水中浸泡15分钟。

2. 将火龙果、菠萝放入榨汁机中，加凉白开到机体水位线间，接通电源，搅打均匀后调入蜂蜜，倒入杯中即可。

养生功效

本品具有利尿消肿、祛湿化痰、消脂瘦身等功效。

利湿
祛痰

马蹄白萝卜番茄汁

原料

荸荠100克，白萝卜、番茄各150克。

做法

1. 荸荠、番茄、白萝卜洗净，去皮，均切小块。

2. 将所有食材放入榨汁机中，加凉白开到机体水位线间，接通电源，搅打均匀后倒入杯中即可。

养生功效

本品具有利湿祛痰、凉血解毒、利尿通便、消食除胀等功效。

Tips 把白萝卜切成片，放到火上加热一下，不用很烫，然后敷在生冻疮的地方，有治疗效果。

冬瓜玉米汁

冬瓜、鲜玉米粒各200克，白糖适量。

1. 冬瓜去皮、去子，切小块；鲜玉米粒洗净。
2. 将所有食材放入榨汁机中，加凉白开到机体水位线间，接通电源，搅打均匀后倒入杯中，调入白糖即可。

本品具有消痰祛湿、利水消肿、清热解毒等功效。

消痰祛湿

润肺祛痰

本品具有润肺祛痰、除湿利尿、散瘀消肿等功效。

白萝卜莲藕汁

白萝卜200克，莲藕100克，蜂蜜适量。

1. 白萝卜、莲藕洗净，去皮，均切小块。
2. 将所有食材放入榨汁机中，加凉白开到机体水位线间，接通电源，搅打均匀后倒入杯中即可。

冬瓜苦瓜黄瓜汁

冬瓜、黄瓜各150克，苦瓜100克，蜂蜜适量。

1. 冬瓜洗净，去皮、去子，切小块；苦瓜洗净，去子，切小块；黄瓜洗净，切小块。
2. 将所有食材放入榨汁机中，加凉白开到机体水位线间，接通电源，搅打均匀后倒入杯中即可。

本品具有清热化湿、祛痰止咳、利尿消肿等功效。

清热化湿

止渴
清热

养生功效

本品具有止渴清热、解暑除烦、补血益气、润肤养颜等功效。

哈密瓜鲜枣汁

原料

哈密瓜150克，鲜枣100克，柠檬1/4个。

做法

1. 哈密瓜、柠檬洗净，去皮、去子，均切成小块；鲜枣洗净，去核，切碎。
2. 将所有食材放入榨汁机中，加凉白开到机体水位线间，接通电源，搅打均匀后倒入杯中即可。

清热
消瘀

养生功效

本品具有清热消瘀、凉血止血等功效。

莲藕汁

原料

莲藕200克。

做法

1. 莲藕洗净，去皮，切小块。
2. 将莲藕块放入榨汁机中，加凉白开到机体水位线间，接通电源，搅打均匀后倒入杯中即可。

消暑
益气

养生功效

本品具有消暑解渴、清热解毒、祛湿利尿等功效。

西瓜莲藕汁

原料

西瓜250克，莲藕100克。

做法

1. 西瓜洗净，去皮、去子，切小块；莲藕洗净，去皮，切小块。
2. 将所有食材放入榨汁机中，加凉白开到机体水位线间，接通电源，搅打均匀后倒入杯中即可。

适宜血瘀体质的果蔬汁

活血
散瘀

橘子红枣红糖姜汁

原料

橘子150克，红枣50克，红糖30克，姜10克。

做法

1. 橘子去皮、去子，切小块；红枣洗净，去核；姜洗净，切碎。
2. 将所有食材放入榨汁机中，加凉白开到机体水位线间，接通电源，搅打均匀后倒入杯中即可。

养生功效

本品具有活血散瘀、健脾暖胃、排毒暖宫等功效。

Tips 食积腹胀时可直接口含生姜片，或喝生姜水，一会儿就能缓解。

山楂圣女果汁

原料

山楂100克，圣女果150克，蜂蜜适量。

做法

1. 山楂洗净，去核，切小块；圣女果洗净，切小块。
2. 将所有食材放入榨汁机中，加凉白开到机体水位线间，接通电源，搅打均匀后倒入杯中即可。

养生功效

本品具有补血养血、散结化瘀、生津止渴、健胃消食等功效。

补血
活血

莲藕甜椒汁

清热
凉血

原料

莲藕150克，青甜椒100克。

做法

1. 莲藕洗净，去皮，切小块；青甜椒洗净，去子，切小块。
2. 将所有食材放入榨汁机中，加凉白开到机体水位线间，接通电源，搅打均匀后倒入杯中即可。

养生功效

本品具有清热凉血、软化血管、止血散瘀、降脂排毒等功效。

紫甘蓝油菜汁

活血
化瘀

原料

紫甘蓝150克，油菜100克，蜂蜜适量。

做法

1. 紫甘蓝洗净，切小块；油菜洗净，焯后捞出，切小段。
2. 将所有食材放入榨汁机中，加凉白开到机体水位线间，接通电源，搅打均匀后倒入杯中即可。

养生功效

本品具有活血化瘀、消炎止痛、提高机体免疫力等功效。

玩转榨汁机
让你变美变瘦变健康

草莓山楂枸杞汁

疏肝
理气

原料

草莓200克，山楂100克，枸杞子20克，盐、蜂蜜各适量。

做法

1. 草莓放入淡盐水中浸泡约15分钟，去蒂，洗净，切小块；山楂洗净，去核，切小块；枸杞子洗净。

2. 将草莓、山楂、枸杞子放入榨汁机中，加凉白开到机体水位线间，接通电源，搅打均匀后调入蜂蜜，倒入杯中即可。

养生功效

本品具有疏肝理气、散结解郁、补肾益精、补血安神等功效。

佛手芒果汁

解郁
理气

原料

佛手200克，芒果150克，蜂蜜适量。

做法

1. 佛手洗净，切小块；芒果洗净，去皮、去核，切小块。

2. 将所有食材放入榨汁机中，加凉白开到机体水位线间，接通电源，搅打均匀后倒入杯中即可。

养生功效

本品能够疏肝解郁、理气和中、燥湿化痰，可以缓解抑郁情绪。

Tips 佛手果可以放在车内或房间里，能去除异味、提神醒脑。

行气解郁

白萝卜圆白菜汁

原料

白萝卜200克，圆白菜100克，蜂蜜适量。

做法

1. 白萝卜、圆白菜洗净，均切成小块。
2. 将所有食材放入榨汁机中，加凉白开到机体水位线间，接通电源，搅打均匀后倒入杯中即可。

养生功效

本品具有行气解郁、健脾和胃、通宣理肺等功效。

菠萝香蕉汁

原料

菠萝200克，香蕉150克，盐适量。

做法

1. 菠萝、香蕉去皮，均切成小块，菠萝入淡盐水中浸泡15分钟。
2. 将菠萝、香蕉放入榨汁机中，加凉白开到机体水位线间，接通电源，搅打均匀后倒入杯中即可。

养生功效

本品具有改善焦虑情绪、醒脑提神、润肠通便等功效。

改善焦虑情绪

玩转榨汁机
让你变美变瘦变健康

消炎
镇静

芦荟苹果汁

原料

芦荟50克，苹果250克，蜂蜜适量。

做法

1. 芦荟洗净，去刺，切小块；苹果洗净，去皮、去核，切小块。
2. 将所有食材放入榨汁机中，加凉白开到机体水位线间，接通电源，搅打均匀后倒入杯中即可。

养生功效

本品具有消炎镇静、改善血液循环、排毒等功效。

Tips 将芦荟和小黄瓜捣烂之后，加入一勺蜂蜜，调匀涂在长痘的地方，一天连续几次，几天后就会有不错的祛痘效果。

紫甘蓝猕猴桃汁

原料

紫甘蓝200克，猕猴桃150克，蜂蜜适量。

做法

1. 紫甘蓝洗净，切小块；猕猴桃洗净，去皮，切小块。
2. 将所有食材放入榨汁机中，加凉白开到机体水位线间，接通电源，搅打均匀后倒入杯中即可。

养生功效

本品具有杀菌消炎、增强抗过敏能力的作用。

增强
抗过敏
能力

止痒
除湿

紫甘蓝白萝卜汁

原料

紫甘蓝200克，白萝卜150克，蜂蜜适量。

做法

1. 紫甘蓝、白萝卜洗净，均切成小块。
2. 将所有食材放入榨汁机中，加凉白开到机体水位线间，接通电源，搅打均匀后倒入杯中即可。

养生功效

本品具有止痒除湿、抗菌消毒、维护皮肤健康等功效。

改善过
敏体质

Tips　将苦瓜肉捣烂成浆，用医用药棉裹住，塞在牙龈肿痛处，可起到消炎止痛的作用。

胡萝卜苦瓜草莓汁

原料

胡萝卜、草莓各200克，苦瓜100克，蜂蜜、盐各适量。

做法

1. 草莓放入淡盐水中浸泡约15分钟，去蒂，洗净，切小块；胡萝卜洗净，去皮，切小块；苦瓜洗净，去子，切小块。
2. 将胡萝卜、草莓、苦瓜放入榨汁机中，加凉白开到机体水位线间，接通电源，搅打均匀后调入蜂蜜，倒入杯中即可。

养生功效

本品具有改善过敏体质、缓解湿疹症状等功效。

每天一小杯，调理亚健康

亚健康是指人体处于健康和疾病
之间的一种临界状态。导致亚健康的主要原因有：
饮食不合理、缺乏运动、作息不规律、睡眠不足、
精神紧张、心理压力大、长期不良情绪等。
从饮食上来改善体质简单有效，
有利于亚健康的恢复。

消除疲劳，多喝补充体力的果蔬汁

疲劳是一种生理心理状态，也是人体适应内外环境改变的一种保护性反应，是一种主观感受。解除疲劳可以多喝富含维生素C和矿物质、可以补充体力的果蔬汁，如用绿叶菜、甜瓜、甜椒、猕猴桃、草莓、橙子等打成果蔬汁，有较好的排毒强体、消除疲劳的作用。

缓解压力，多喝降压解郁的果蔬汁

增强人体免疫系统功能是减轻压力、缓解疲劳的关键。从饮食方面来看，最好的方法是进食富含抗氧化物的天然食物。维生素E、维生素C、维生素A等抗氧化元素可以清除体内氧自由基，保护人体免疫系统。如西蓝花、绿豆芽、柑橘、猕猴桃、甜椒含有丰富的维生素C，可以有效舒缓压力、放松神经。而香蕉中含有丰富的钾，可以平衡人体中的电解质，同时起到舒缓紧张情绪的作用。

赶走便秘，多喝富含膳食纤维的果蔬汁

便秘是指粪便在肠道内停留时间过长，通常两三天不大便，或有便意但排便困难，大便往往干燥。长期便秘还会引起腹胀、腹痛、头晕、食欲减退、睡眠不安等症，并易继发痔疮、肛裂等疾病。造成便秘的原因大多是因为膳食纤维和水分摄取不足，再加上活动量减少、肠胃蠕动减慢，影响粪便排出。多摄入膳食纤维，对于改善便秘十分重要。富含膳食纤维的果蔬有茭白、苦瓜、韭菜、芦笋、菠菜、芹菜、莲藕、莴笋、红枣、柿子、无花果、葡萄、鸭梨、苹果、香蕉等。

玩转榨汁机
让你变美变瘦变健康

促进睡眠，多喝镇静安神的果蔬汁

睡眠就像水、食物一样，对于人体必不可少，长期失眠对人体健康的损害极大。失眠可引起疲劳、不安、全身不适、反应迟缓、头痛、记忆力不集中等症状。失眠患者在饮食调理上，可以喝些清心除烦、宁心安神、镇静助眠的果蔬汁，如用菠菜、莲藕、莴笋、苹果、猕猴桃、荔枝、桂圆、香蕉、葡萄等打成汁。

缓解视疲劳，多喝明目益肝的果蔬汁

视疲劳是一种常见眼科病，它可引起眼干、眼涩、眼酸胀、视物模糊甚至视力下降。视疲劳主要是由于平时看电脑、电视、手机屏幕时间过长，眨眼次数减少，造成眼泪分泌相应减少，同时闪烁的荧屏强烈刺激眼睛而引起的。多喝一些富含胡萝卜素、维生素A、维生素C、维生素E、花青素的果蔬汁，具有明目益肝、缓解视疲劳的作用。平时可多食胡萝卜、番茄、菠菜、油菜、小白菜、紫甘蓝、蓝莓、樱桃、桑葚、草莓、芒果、木瓜、柑橘等。

预防骨质疏松，多喝含钙丰富的果蔬汁

骨质疏松是一种比较常见的骨科疾病。主要是因为身体骨骼缺少钙质所导致的一种疾病，伴有骨脆性增加，易于发生骨折。骨质疏松的危害还在于它常常是悄然发生的。多数人没有明显症状，但随着年龄增加，骨钙的不断流失，一旦出现症状，情况多较为严重，可表现为腰背酸痛、易骨折等。对此，可以喝些含钙丰富的果蔬汁，尽可能保存体内钙质。含钙较丰富的果蔬有圆白菜、莴笋、西蓝花、芹菜、洋葱、大蒜、胡萝卜、柑橘类水果等。

减轻肢体酸痛，多喝活血通络的果蔬汁

中医有言"通则不痛，痛则不通"。即气血运行受阻，血脉不通，不能满足身体某些部位的营养需求，那么这些部位就会表现出痛感。血脉不通可以出现在身体任何部位，在四肢就会反映为肢体酸痛、麻木或瘀斑等。对此，可以选择一些活血化瘀、舒筋通络作用的果蔬榨汁食用，以改善这些身体不适现象。这些食物包括番茄、圆白菜、莲藕、洋葱、海带、油菜、菠萝、山楂、柿子、桃等。

消除疲劳果蔬汁

消除
疲劳

葡萄哈密瓜蓝莓汁

原料

葡萄、哈密瓜各200克，蓝莓50克。

做法

1. 葡萄洗净，去子；哈密瓜洗净，去皮、去子，切小块；蓝莓洗净，去子。
2. 将所有食材放入榨汁机中，加凉白开到机体水位线间，接通电源，搅打均匀后倒入杯中即可。

养生功效

本品具有消除疲劳、软化血管、增强心肺功能等功效。

清新
怡神

西瓜薄荷汁

原料

西瓜200克，薄荷叶3片，蜂蜜适量。

做法

1. 西瓜洗净，去皮、去子，切小块；薄荷叶洗净，切碎。
2. 将所有食材放入榨汁机中，加凉白开到机体水位线间，接通电源，搅打均匀后倒入杯中即可。

养生功效

本品具有清新怡神、疏风散热、消炎镇痛、利咽消渴等功效。

Tips 晒干的薄荷叶研成碎屑，用来刷牙，可使牙齿变白、口气清新。

香蕉苹果汁

原料

香蕉1根，苹果1个。

做法

1. 香蕉去皮，切小块；苹果洗净，去皮、去核，切小块。
2. 将香蕉块、苹果块放入榨汁机中，加凉白开到机体水位线间，接通电源，搅打均匀后倒入杯中即可。

养生功效

本品具有补充体力、解郁抗压、安神降压、改善便秘等功效。

补充体力

菠萝甜椒杏仁汁

原料

菠萝200克，甜彩椒100克，杏仁露200克，蜂蜜、盐各适量。

做法

1. 菠萝去皮，切小块，入淡盐水中浸泡15分钟；甜彩椒洗净，去子，切小块。
2. 将菠萝、甜彩椒、杏仁露放入榨汁机中，加凉白开到机体水位线间，接通电源，搅打均匀后调入蜂蜜，倒入杯中即可。

养生功效

本品具有开胃强体、生津止渴、润肺定喘等功效。

开胃强体

牛油果橙子汁

原料

牛油果200克，橙子150克，蜂蜜适量。

做法

1. 牛油果去皮、去核，切小块；橙子去皮、去子，切小块。
2. 将所有食材放入榨汁机中，加凉白开到机体水位线间，接通电源，搅打均匀后倒入杯中即可。

养生功效

本品具有强力抗压、补充热量、滋润肌肤等功效。

强体抗压

提神
减压

芒果椰汁

原料

芒果200克，椰子1个。

做法

1. 芒果去皮、去核，切小块；椰子取汁。
2. 将所有食材放入榨汁机中，接通电源，搅打均匀后倒入杯中即可。

养生功效

本品具有提神减压、消除疲劳、减缓焦虑等功效。

香蕉蓝莓汁

原料

香蕉200克，蓝莓100克。

做法

1. 香蕉去皮，切小块；蓝莓洗净，去子。
2. 将所有食材放入榨汁机中，加凉白开到机体水位线间，接通电源，搅打均匀后倒入杯中即可。

养生功效

本品具有缓解压力、醒脑安神、消除疲劳等功效。

缓解
压力

Tips 蓝莓富含花青素，不仅可以抗衰老，还具有增强血管弹性的作用。

降压
补虚

山药黄瓜汁

原料

山药200克，黄瓜100克，蜂蜜适量。

做法

1. 山药去皮，洗净，蒸熟，切成小块；黄瓜洗净，切小块。
2. 将所有食材放入榨汁机中，加凉白开到机体水位线间，接通电源，搅打均匀后倒入杯中即可。

养生功效

本品具有健脾补虚、镇静解郁、缓解疲劳等功效。

芹菜菠萝汁

原料

芹菜100克，菠萝150克，柠檬1/4个，蜂蜜、盐各适量。

做法

1. 芹菜洗净，切小段；菠萝去皮，切小块，放入淡盐水中浸泡15分钟。
2. 将芹菜、菠萝、柠檬放入榨汁机中，加凉白开到机体水位线间，接通电源，搅打均匀后倒入杯中，加蜂蜜调匀即可。

养生功效

本品具有减压醒脑、清热利湿、消肿利尿、镇静安神等功效。

减压
醒脑

苹果油菜汁

原料

苹果、油菜各100克，蜂蜜适量。

做法

1. 苹果洗净，去皮、去核，切小块；油菜洗净，焯后捞出，切小段。
2. 将所有食材放入榨汁机中，加凉白开到机体水位线间，接通电源，搅打均匀后倒入杯中即可。

养生功效

本品具有润肠通便、调理肠道、消除疲劳、活血化瘀等功效。

润肠通便

芒果柳橙汁

原料

芒果、柳橙各100克，柠檬1/4个。

做法

1. 芒果去皮、去核，切小块；柳橙、柠檬洗净，去皮、去子，切小块。
2. 将所有食材放入榨汁机中，加凉白开到机体水位线间，接通电源，搅打均匀后倒入杯中即可。

养生功效

本品具有清肠排毒、养心健脾、健胃消食等功效。

清肠排毒

Tips 芒果煎汤，加少许蜂蜜后饮用，可防治晕车晕船。

香蕉火龙果汁

香蕉100克,火龙果150克。

做法

1. 香蕉、火龙果去皮,切小块。
2. 将香蕉块、火龙果块放入榨汁机中,加凉白开到机体水位线间,接通电源,搅打均匀后倒入杯中即可。

通便
排毒

养生功效

本品具有通便排毒、缓解疲劳、促进消化、美白祛斑等功效。

润燥
通便

养生功效

本品具有润燥通便、润泽肌肤等功效。

猕猴桃柳橙汁

原料

柳橙150克,猕猴桃100克,蜂蜜适量。

做法

1. 柳橙洗净,去皮、去子,切小块;猕猴桃洗净,去皮,切小块。
2. 将所有食材放入榨汁机中,加凉白开到机体水位线间,接通电源,搅打均匀后倒入杯中即可。

白菜汁

原料

白菜200克,蜂蜜适量。

做法

1. 白菜洗净,切碎。
2. 将所有食材放入榨汁机中,加凉白开到机体水位线间,接通电源,搅打均匀后倒入杯中即可。

利肠
通便

养生功效

本品具有利肠通便、清热除烦、养胃生津等功效。

安神
助眠

葡萄生菜梨汁

原料

葡萄、鸭梨各150克，生菜100克。

做法

1. 葡萄洗净，去子；生菜洗净，切小块；鸭梨洗净，去皮、去核，切小块。
2. 将所有食材放入榨汁机中，加凉白开到机体水位线间，接通电源，搅打均匀后倒入杯中即可。

养生功效

本品具有安神助眠、疏肝利胆、润肠通便等功效。

养血
安神

香蕉红枣汁

原料

香蕉200克，红枣50克。

做法

1. 香蕉去皮，切小块；红枣洗净，去核。
2. 将所有食材放入榨汁机中，加凉白开到机体水位线间，接通电源，搅打均匀后倒入杯中即可。

养生功效

本品具有养血安神、滋补脾胃、缓解紧张等功效。

香瓜生菜蜜汁

镇痛
催眠

原料

香瓜150克，生菜100克，蜂蜜适量。

做法

1. 香瓜洗净，去皮、去子，切小块；生菜洗净，切小段。
2. 将所有食材放入榨汁机中，加凉白开到机体水位线间，接通电源，搅打均匀后倒入杯中即可。

养生功效

本品具有镇痛催眠、生津除烦、清热解毒等功效。

料理小妙招

在吃不了的生菜根部插上3根牙签，用湿纸将生菜包裹起来放到冰箱里保存，可以在一周内都很新鲜。这是因为生菜可以从这3个小洞中吸收水分，保持新鲜。

镇静
安神

菠菜苹果汁

、

原料

菠菜150克，苹果200克，蜂蜜适量。

做法

1. 菠菜洗净，焯水，切小段；苹果洗净，去皮、去核，切小块。
2. 将所有食材放入榨汁机中，加凉白开到机体水位线间，接通电源，搅打均匀后倒入杯中即可。

养生功效

本品具有镇静安神、养肝除燥、洁肤抗衰等功效。

莲藕红枣蜜汁

原料

莲藕200克，红枣100克，蜂蜜10克。

做法

1. 莲藕洗净，去皮，切小块；红枣洗净，去核。
2. 将所有食材放入榨汁机中，加凉白开到机体水位线间，接通电源，搅打均匀后倒入杯中即可。

养生功效

本品具有清心安神、补血护心、养阴润燥、解热散瘀等功效。

清心
安神

玩转榨汁机
让你变美变瘦变健康

乌发
明目

桑葚葡萄汁

原料

桑葚200克，葡萄150克。

做法

1. 桑葚洗净；葡萄洗净，去子。
2. 将所有食材放入榨汁机中，加凉白开到机体水位线间，接通电源，搅打均匀后倒入杯中即可。

养生功效

本品具有乌发明目、滋阴养血、生津润燥等功效。

胡萝卜汁

原料

胡萝卜250克。

做法

1. 胡萝卜洗净，去皮，切小块。
2. 将胡萝卜块放入榨汁机中，加凉白开到机体水位线间，接通电源，搅打均匀后倒入杯中即可。

养生功效

本品具有补肝明目、清除自由基、抗氧化和防癌等功效。

补肝
明目

胡萝卜芹菜苹果汁

原料

胡萝卜80克，芹菜50克，苹果150克。

做法

1. 胡萝卜洗净，去皮，切小块；芹菜洗净，切小段；苹果洗净，去皮、去核，切小块。
2. 将所有食材放入榨汁机中，加凉白开到机体水位线间，接通电源，搅打均匀后倒入杯中即可。

养生功效

本品具有明目降火、补气养血、缓解不良情绪、消除疲劳等功效。

明目
降火

Tips 将胡萝卜、苹果切成片，加玉米须煮水当茶饮，可利尿消肿。

苦瓜菠菜汁

原料

苦瓜、菠菜各100克，蜂蜜适量。

做法

1. 菠菜洗净，焯水，切小段；苦瓜洗净，去子，切小块。
2. 将所有食材放入榨汁机中，加凉白开到机体水位线间，接通电源，搅打均匀后倒入杯中即可。

养生功效

本品具有清心明目、消炎退热、解毒利尿、增进食欲等功效。

清心
明目

减少钙
的流失

脐橙西蓝花白菜汁

原料

脐橙250克，西蓝花、白菜各150克，蜂蜜、盐各适量。

做法

1. 脐橙去皮、去子，切小块；西蓝花洗净，切小块，入淡盐水中略焯。

2. 将脐橙、西蓝花、白菜放入榨汁机中，加凉白开到机体水位线间，接通电源，搅打均匀后倒入杯中，调入蜂蜜即可。

养生功效

本品能强身壮骨、补脾和胃，可减少体内钙的流失。

补钙
健骨

西蓝花洋葱汁

原料

西蓝花250克，洋葱100克，盐、蜂蜜各适量。

做法

1. 西蓝花洗净，切小块，入淡盐水中略焯；洋葱去外皮，洗净，切小块。

2. 将西蓝花、洋葱、蜂蜜放入榨汁机中，加凉白开到机体水位线间，接通电源，搅打均匀后倒入杯中即可。

养生功效

本品具有补钙健骨、抗菌消炎、软化血管的功效。

补钙
强身

圆白菜菠菜汁

原料

圆白菜200克，菠菜150克，蜂蜜适量。

做法

1. 圆白菜洗净，切小块；菠菜洗净，焯水，切小段。
2. 将所有食材放入榨汁机中，加凉白开到机体水位线间，接通电源，搅打均匀后倒入杯中即可。

养生功效

本品具有补钙强身、减缓衰老等功效。

强身
健骨

紫菜洋葱汁

原料

洋葱200克，泡发紫菜30克，蜂蜜适量。

做法

1. 洋葱去外皮，洗净，切小块；泡发紫菜洗净，切碎。
2. 将所有食材放入榨汁机中，加凉白开到机体水位线间，接通电源，搅打均匀后倒入杯中即可。

养生功效

本品具有强身健骨、补中益气、祛脂减肥等功效。

Tips 身体虚弱的人，食用紫菜时最好加些肉类来减低寒性，并且每次不能食用太多，以免引起腹痛、腹泻。

荔枝石榴汁

理气
止痛

原料

荔枝200克，石榴150克，蜂蜜适量。

做法

1. 荔枝去壳、去核；石榴去皮，取子。
2. 将所有食材放入榨汁机中，加凉白开到机体水位线间，接通电源，搅打均匀后倒入杯中即可。

养生功效

本品具有理气止痛、补脾益肝、补心安神、增强免疫力等功效。

莲藕苹果汁

活血
镇痛

原料

莲藕、苹果各200克，蜂蜜适量。

做法

1. 莲藕洗净，去皮，切小块；苹果洗净，去皮、去核，切小块。
2. 将所有食材放入榨汁机中，加凉白开到机体水位线间，接通电源，搅打均匀后倒入杯中即可。

养生功效

本品具有镇痛减压、益血生肌、活血散瘀等功效。

和中
理气

菠菜苦瓜萝卜汁

原料

菠菜200克，苦瓜50克，白萝卜150克，蜂蜜适量。

做法

1. 菠菜洗净，焯水，切小段；苦瓜洗净，去子，切小块；白萝卜洗净，去皮，切小块。

2. 将所有食材放入榨汁机中，加凉白开到机体水位线间，接通电源，搅打均匀后倒入杯中即可。

养生功效

本品具有和中理气、消炎退热、利尿活血、清心明目等功效。

白菜莲藕汁

原料

白菜、莲藕各200克，蜂蜜适量。

做法

1. 白菜洗净，切小块；莲藕洗净，去皮，切小块。

2. 将所有食材放入榨汁机中，加凉白开到机体水位线间，接通电源，搅打均匀后倒入杯中即可。

养生功效

本品具有止痛减压、杀菌消炎、清热除烦、解渴利尿等功效。

止痛
养血

Tips 生藕性偏寒，脾虚胃寒、易腹泻的人不宜食用生藕。

CHAPTER

11

对症调理，防病治病

古人认为，药食同源。

如果患了疾病，当先用健康饮食疗法。

有些疾病原本是由于人体营养不足、气血亏损、

阴阳失衡而产生的，通过饮食补益气血、

协调阴阳，疾病自可痊愈。

感冒，多喝富含维生素C的果蔬汁

中医经常说这样一句话：疾病，三分靠治疗，七分靠调理。当然，感冒这种疾病也不会例外。感冒患者的饮食应当以清淡为主，多喝些富含维生素C的果蔬汁，不但有益于身体恢复，还可以保证患者体内水分的供给。

富含维生素C的果蔬有芹菜、圆白菜、苦瓜、橘子、橙子、猕猴桃、鲜枣、柚子、草莓、柠檬等。

发热，多喝清热解毒的果蔬汁

发热又称发烧，一般是指体温高出正常标准，或自有身热不适的感觉。在正常情况下，人体的产热和散热保持动态平衡。由于各种原因导致产热增加或散热减少，则出现发热。发热时最需要的是水，其次才是营养物质。此时的饮食原则首先是供给充足的水分，以及进食些具有清热除燥、降火排毒作用的清淡食物。千万不能因为没有食欲就拒绝进食，如果营养不足，身体的抵抗力就会降低，不容易退热。同样，也不能因为要增加营养就大肆进食，如果吃得太多，反而不利于身体的恢复。因此，发热时可以喝些清热解毒的果蔬汁，有助于体热与病菌毒素的排泄。

具有清热解毒作用的果蔬有苦瓜、丝瓜、黄瓜、番茄、芹菜、生菜、芦笋、冬瓜、茄子、柚子、西瓜、梨、苹果、菠萝、柿子、枇杷等。

咳嗽，多喝清肺止咳的果蔬汁

咳嗽是一个症状，中医认为是外感六淫病邪，导致脏腑内伤，影响肺的正常功能而引起的，是人体清除呼吸道内的分泌物或异物的保护性反射动作，可促进痰液和异物排出。咳嗽多为肺热引起，如果在日常饮食中过食肥甘厚味，就会产生内热，加重咳嗽，且痰多黏稠、不易咳出。因此，在饮食上可选择能够清热、润肺、止咳的果蔬汁，对缓解咳嗽有所帮助。

具有清热、润肺、止咳作用的果蔬有胡萝卜、白萝卜、菜花、大白菜、山药、百合、莴笋、芹菜、冬瓜、南瓜、西蓝花、梨、柚子、枇杷等。

腹泻，多喝收敛止泻的果蔬汁

腹泻是一种常见症状，俗称拉肚子，是指排便次数明显超过平日，粪质稀薄。引起腹泻的原因很多，最常见的是胃肠感染病毒。入侵的病毒可能损害小肠内壁黏膜，导致难以吸收养分与水分，造成腹泻。另外，细菌或寄生虫也会引起腹泻。其他如紧张、抑郁、消化不良、糖尿病，或摄取过量咖啡、酒精、抗生素药物等，也可能导致腹泻。腹泻患者可以选择喝一些具有收敛止泻作用的果蔬汁，以缓解腹泻症状。

具有收敛止泻作用的果蔬有胡萝卜、茴香、莲藕、紫苏、鱼腥草、番茄、土豆、芋头、荔枝、石榴、苹果等。

肝炎，多喝保肝护肝的果蔬汁

肝脏是人体内最大的消化腺。它的生理功能包括解毒、代谢、分泌胆汁、免疫防御等。通常肝炎是由多种致病因素，如病毒、细菌、寄生虫、化学毒物、药物、酒精、自身免疫因素等使肝脏细胞受到损伤，肝脏功能受损，引起身体一系列不适症状以及肝功能指标的异常。肝炎在治疗的同时，一定要从饮食上进行养护，可多喝一些富含膳食纤维、维生素C的果蔬汁，这些保肝护肝的营养物质是肝病康复过程中必不可少的。

具有保肝护肝作用的果蔬有圆白菜、西蓝花、胡萝卜、番茄、菠菜、百合、黄瓜、草莓、猕猴桃、芒果、柑橘等。

肾炎，选择调节电解质的果蔬汁

肾炎是一种与感染有关的免疫反应性疾病，是由不同病因引起肾固有组织发生炎性改变，导致不同程度肾功能减退的一组肾脏疾病。肾炎患者多会出现体内毒素和电解质代谢紊乱。因此，肾炎患者应选择饮用调节电解质的果蔬汁，来减轻肾脏负担，纠正水电解质紊乱。

具有调节电解质作用的果蔬有黄瓜、豆角、洋葱、苦瓜、番茄、橘子、哈密瓜、梨、草莓、苹果、葡萄、桑葚等。

高血压，多喝利尿降压的果蔬汁

高血压是常见的慢性病，多数患者在初期没有明显症状，少部分会出现头晕、头痛、耳鸣、心悸、胸闷等表现。高血压病会引发身体多个脏器的并发症，因而忽视不得。高血压患者应该注意清淡饮食，限制脂肪和胆固醇的过多摄入，少吃煎炸、烧烤食物，多吃蔬菜和水果。因为，蔬菜和水果中含有丰富的维生素、钙、钾、铁、镁等营养元素，能起到很好的利尿降压作用。因此，高血压患者可以多喝一些具有利尿降压作用的果蔬汁，从而缓解高血压病情。

具有利尿降压作用的果蔬有芹菜、番茄、苦瓜、菠菜、胡萝卜、洋葱、冬瓜、芦笋、柑橘、苹果、西瓜、酸梅、柠檬、荸荠等。

糖尿病，选择低糖的果蔬汁

糖尿病是一组以高血糖为特征的代谢性疾病，是由各种致病因子作用于机体导致胰岛功能减退、胰岛素抵抗等而引发的糖、蛋白质、脂肪、水和电解质等一系列代谢紊乱综合征。

中医学将糖尿病归为"消渴"范畴。"消"有消谷、消水、消耗之意；"渴"指口渴能饮，饮不解渴。糖尿病是以多饮、多食、多尿、身体消瘦的"三多一少"为典型特征。

糖尿病患者的饮食应以清淡为主。具体说，就是以低糖、低盐、低脂饮食为主，不吃油炸、煎烤之物，猪皮、鸡皮、鸭皮等含油脂高的食物也应尽量避免。这对控制体重、血糖十分有益。同时，简单糖、甜食也应禁忌。所有生糖指数高的食物都需避免。可以选择进食低糖、低盐、低脂肪的果蔬汁。

低糖、低盐、低脂的果蔬有圆白菜、竹笋、菜花、西葫芦、苹果、梨、橙子、柚子、柠檬等。

贫血，多喝补血的果蔬汁

贫血患者常表现为精神萎顿、眼睑结膜苍白、面色无华、指甲脆薄，还会经常出现头昏、眩晕、心悸、气短、食欲不振、注意力不集中等症状。

贫血患者应多食富含维生素C和铁的食物。维生素C是造血必不可少的营养素，有促进铁吸收的功能。很多水果和蔬菜中都含有较多的维生素C，可减轻贫血症状。另外，B族维生素也有利于改善贫血症状。

具有补血作用的果蔬有胡萝卜、南瓜、菠菜、莲藕、樱桃、桂圆、荔枝、葡萄、橘子、石榴、猕猴桃、甘蔗、鲜枣等。

更年期症状，多喝去火除烦的果蔬汁

更年期的变化主要是因性腺逐渐衰萎所致，这是一个人随着年龄增长进入老化的必然生理过程。女性表现为月经周期紊乱、烦热急躁、多汗。男性更年期症状没有女性那么明显，有性功能减退的表现，通常持续1～2年。一般女性多发生在45～55岁，男性多发生在55～65岁。

由于更年期的年龄已进入老年期的初级阶段，体内代谢过程也以分解代谢为主，因此易出现骨质疏松、代谢紊乱、脂肪堆积、胆固醇增高、血管硬化等症状。更年期饮食宜选用低热量、低脂的饮食。为预防骨质疏松症，更年期还要多摄入含钙量高的食物，同时要注意补充维生素D，以增强钙的吸收；对于更年期出现情绪波动、记忆力减退、心慌失眠等症状者，应多食具有除烦解郁、清心安神作用的食物。

具有除烦解郁、清心安神作用的果蔬有莲藕、莴笋、丝瓜、百合、苹果、香蕉、雪梨等。

消炎
解毒

圣女果圆白菜汁

原料

圣女果200克，圆白菜150克，蜂蜜适量。

做法

1. 圣女果、圆白菜洗净，均切小块。
2. 将所有食材放入榨汁机中，加凉白开到机体水位线间，接通电源，搅打均匀后倒入杯中即可。

养生功效

本品具有消炎解毒、生津止渴、健胃消食等功效。

疏风
散寒

洋葱胡萝卜李子汁

原料

洋葱100克，胡萝卜150克，李子50克，蜂蜜适量。

做法

1. 洋葱、胡萝卜洗净，去外皮，均切成小块；李子洗净，去核，切小块。
2. 将所有食材放入榨汁机中，加凉白开到机体水位线间，接通电源，搅打均匀后倒入杯中即可。

养生功效

本品具有疏风散寒、清肝除热、止咳祛痰等功效。

Tips 咀嚼生洋葱不但可以预防感冒，对复发性口腔溃疡也有一定的治疗效果。

莲藕菠萝柠檬汁

原料

莲藕100克，菠萝150克，柠檬1个，盐、蜂蜜各适量。

做法

1. 莲藕洗净，去皮，切小块；菠萝去皮，切小块，放入淡盐水中浸泡15分钟；柠檬去皮、去子，切小块。

2. 将莲藕、菠萝、柠檬、蜂蜜放入榨汁机中，加凉白开到机体水位线间，接通电源，搅打均匀后倒入杯中即可。

养生功效

本品具有清热除烦、凉血、健脾开胃、止咳祛痰等功效。

清热除烦

紫甘蓝洋葱汁

原料

紫甘蓝150克，洋葱50克。

做法

1. 紫甘蓝洗净，切小块；洋葱剥皮，洗净，切小块。

2. 将紫甘蓝块、洋葱块放入榨汁机中，加凉白开到机体水位线间，接通电源，搅打均匀后倒入杯中即可。

养生功效

本品具有杀菌消炎、增进食欲的作用。

杀菌消炎

豆芽番茄草莓汁

原料

豆芽200克，番茄、草莓各150克，盐少许。

做法

1. 豆芽洗净，焯水，切小段；番茄洗净，去皮，切小块；草莓放入淡盐水中浸泡约15分钟，洗净，切小块。

2. 将豆芽、番茄、草莓放入榨汁机中，加凉白开到机体水位线间，接通电源，搅打均匀后倒入杯中即可。

养生功效

本品具有清热解读、抗菌消炎等功效。

清热消炎

利尿
去火

雪梨橘汁

原料

雪梨、橘子各200克，蜂蜜适量。

做法

1. 雪梨洗净，去皮、去核，切小块；橘子去皮、去子，切小块。
2. 将所有食材放入榨汁机中，加凉白开到机体水位线间，接通电源，搅打均匀后倒入杯中即可。

养生功效

本品具有利尿去火、润肺消痰、祛脂降压等功效。

丝瓜雪梨汁

原料

丝瓜150克，雪梨200克，蜂蜜适量。

做法

1. 丝瓜去皮，洗净，切小块；雪梨洗净，去皮、去核，切小块。
2. 将所有食材放入榨汁机中，加凉白开到机体水位线间，接通电源，搅打均匀后倒入杯中即可。

养生功效

本品具有疏散风热、凉血解毒、润肺化痰等功效。

疏散
风热

清热
解毒

Tips 苦瓜含有奎宁，具有刺激子宫收缩的作用，所以孕期应慎食。

苦瓜黄瓜汁

原料

苦瓜100克，黄瓜150克，柠檬汁、蜂蜜各适量。

做法

1. 苦瓜洗净，去子，切小块；黄瓜洗净，切小块。

2. 将所有食材放入榨汁机中，加凉白开到机体水位线间，接通电源，搅打均匀后倒入杯中即可。

养生功效

本品具有清热利水、解毒消肿、促进新陈代谢、延缓衰老等功效。

苦瓜蜂蜜姜汁

原料

苦瓜100克，姜5克，蜂蜜适量。

做法

1. 苦瓜洗净，去子，切小块；姜洗净，切碎。

2. 将所有食材放入榨汁机中，加凉白开到机体水位线间，接通电源，搅打均匀后倒入杯中即可。

养生功效

本品具有解热除烦、养心明目、消脂减肥等功效。

解热
除烦

祛痰
止咳

养生功效

本品具有祛痰止咳、疏散风热、凉血解毒、润肺化痰等功效。

鸭梨香瓜汁

原料

鸭梨1个，香瓜200克，蜂蜜适量。

做法

1. 鸭梨洗净，去皮、去核，切小块；香瓜洗净，去皮、去子，切小块。
2. 将所有食材放入榨汁机中，加凉白开到机体水位线间，接通电源，搅打均匀后倒入杯中即可。

润肺
止咳

养生功效

本品具有润肺止咳、理气化痰、消除疲劳等功效。

橘子柠檬汁

原料

橘子250克，柠檬1个，蜂蜜适量。

做法

1. 橘子、柠檬去皮、去子，均切成小块。
2. 将所有食材放入榨汁机中，加凉白开到机体水位线间，接通电源，搅打均匀后倒入杯中即可。

止咳
化痰

养生功效

本品具有止咳化痰、理气降逆、调中开胃等功效。

莲藕橘皮蜜汁

原料

莲藕200克，橘皮20克，蜂蜜适量。

做法

1. 莲藕洗净，去皮，切小块；橘皮洗净，切小块。
2. 将所有食材放入榨汁机中，加凉白开到机体水位线间，接通电源，搅打均匀后倒入杯中即可。

镇咳
化痰

白萝卜番茄汁

原料

白萝卜150克，番茄200克，蜂蜜适量。

做法

1. 白萝卜洗净，去皮，切小块；番茄洗净，去皮，切小块。
2. 将所有食材放入榨汁机中，加凉白开到机体水位线间，接通电源，搅打均匀后倒入杯中即可。

养生功效

本品具有镇咳化痰、清热解毒、健胃消食、润肠通便等功效。

滋阴
润肺

白菜柠檬葡萄汁

原料

白菜150克，柠檬1个，葡萄200克，蜂蜜适量。

做法

1. 白菜洗净，切小块；柠檬去皮、去子，切小块；葡萄洗净，去子。
2. 将所有食材放入榨汁机中，加凉白开到机体水位线间，接通电源，搅打均匀后倒入杯中即可。

养生功效

本品具有滋阴润肺、清热利水、养胃解毒等功效。

调理
肠道

紫甘蓝苹果汁

原料

苹果、紫甘蓝各150克。

做法

1. 苹果洗净，去皮、去核，切小块；紫甘
   蓝洗净，切小块。
2. 将所有食材放入榨汁机中，加凉白开到
   机体水位线间，接通电源，搅打均匀后
   倒入杯中即可。

养生功效

本品具有调理肠道、清热利湿、益肝和胃、祛脂
降压等功效。

涩肠
止泻

石榴苹果柠檬汁

原料

石榴200克，苹果1个，柠檬1个，蜂蜜
适量。

做法

1. 石榴去皮，取子；苹果洗净，去皮、
   去核，切小块；柠檬去皮、去子，切
   小块。
2. 将所有食材放入榨汁机中，加凉白开到
   机体水位线间，接通电源，搅打均匀后
   倒入杯中即可。

养生功效

本品具有涩肠止泻、杀虫止痢、生津止渴等
功效。

乌梅番茄汁

原料

乌梅150克，番茄200克，蜂蜜适量。

做法

1. 乌梅洗净，去核；番茄洗净，去皮，切小块。
2. 将所有食材放入榨汁机中，加凉白开到机体水位线间，接通电源，搅打均匀后倒入杯中即可。

养生功效

本品具有收敛生津、抗菌消炎、消除疲劳等功效。

收敛
生津

Tips 将乌梅与白糖煎水做成酸梅汤饮用，可以清凉解暑、生津止渴。

圆白菜柠檬汁

原料

圆白菜300克，柠檬1个，蜂蜜适量。

做法

1. 圆白菜洗净，切成小块；柠檬去皮、去子，切成小块。
2. 将所有食材放入榨汁机中，加凉白开到机体水位线间，接通电源，搅打均匀后倒入杯中即可。

养生功效

本品具有抗菌消炎、促进消化、增强机体免疫功能等功效。

抗菌
消炎

利胆
护肝

葡萄橙汁

原料

葡萄300克，橙子200克，蜂蜜适量。

做法

1. 葡萄洗净，去子；橙子去皮、去子，切小块。
2. 将所有食材放入榨汁机中，加凉白开到机体水位线间，接通电源，搅打均匀后倒入杯中即可。

养生功效

本品具有利胆护肝、补气益血、健脾开胃、利尿消肿等功效。

菠萝猕猴桃汁

原料

菠萝250克，猕猴桃200克，蜂蜜、盐各适量。

做法

1. 菠萝去皮，切小块，入淡盐水中浸泡15分钟；猕猴桃洗净，去皮，切小块。
2. 将菠萝、猕猴桃放入榨汁机中，加凉白开到机体水位线间，接通电源，搅打均匀后倒入杯中，调入蜂蜜即可。

养生功效

本品具有疏肝消炎、清热降火、镇静安神等功效。

疏肝
消炎

山楂胡萝卜汁

原料

山楂150克，胡萝卜200克，蜂蜜适量。

做法

1. 山楂洗净，去子，切小块；胡萝卜洗净，去皮，切小块。
2. 将所有食材放入榨汁机中，加凉白开到机体水位线间，接通电源，搅打均匀后倒入杯中即可。

保肝
降压

养生功效

本品具有保肝降压、开胃健脾、调节血脂等功效。

养肝
醒脾

养生功效

本品具有养肝醒脾、降压控糖、清热解毒、促进血液循环等功效。

西芹菠菜汁

原料

西芹、菠菜各100克。

做法

1. 西芹洗净，切小段；菠菜洗净，焯水，切小段。
2. 将所有食材放入榨汁机中，加凉白开到机体水位线间，接通电源，搅打均匀后倒入杯中即可。

芹菜白菜汁

原料

芹菜、白菜各100克，蜂蜜适量。

做法

1. 芹菜、白菜洗净，均切小段。
2. 将所有食材放入榨汁机中，加凉白开到机体水位线间，接通电源，搅打均匀后倒入杯中即可。

养生功效

本品具有平肝清热、解毒消肿、除烦解渴、利尿通便等功效。

平肝
清热

补肾
养肝

养生功效

本品具有补肾养肝、生津润肠、乌发明目等功效。

桑葚枸杞汁

原料

桑葚250克，枸杞子30克。

做法

1. 桑葚、枸杞子洗净。

2. 将所有食材放入榨汁机中，加凉白开到机体水位线间，接通电源，搅打均匀后倒入杯中即可。

 Tips 糖尿病患者以及平时大便溏薄、脾虚腹泻者应忌食。

山药黄瓜汁

原料

山药、黄瓜各100克，蜂蜜适量。

做法

1. 山药洗净，去皮，蒸熟，切小块；黄瓜洗净，切小块。

2. 将所有食材放入榨汁机中，加凉白开到机体水位线间，接通电源，搅打均匀后倒入杯中即可。

强肾
健脾

养生功效

本品具有强肾健脾、补中益气、清热利尿、增强免疫力等功效。

健脾
保肝

养生功效

本品能够有效保护机体免受自由基的损害，还能促进肾细胞的再生。

南瓜菠菜汁

原料

南瓜250克，菠菜150克，蜂蜜适量。

做法

1. 南瓜洗净，去皮、去子，切小块，蒸熟；菠菜洗净，焯水，切小段。

2. 将所有食材放入榨汁机中，加凉白开到机体水位线间，接通电源，搅打均匀后倒入杯中即可。

降脂降压

火龙果苦瓜汁

原料

火龙果250克，苦瓜100克，蜂蜜适量。

做法

1. 火龙果去皮，切小块；苦瓜洗净，去皮、去子，切小块。
2. 将所有食材放入榨汁机中，加凉白开到机体水位线间，接通电源，搅打均匀后倒入杯中即可。

养生功效

本品具有降脂降压、清热凉血、利尿除烦等功效。

西芹白菜洋葱汁

原料

西芹100克，白菜80克，洋葱50克。

做法

1. 西芹、白菜洗净，均切小段；洋葱洗净，剥外皮，切小块。
2. 将所有食材放入榨汁机中，加凉白开到机体水位线间，接通电源，搅打均匀后倒入杯中。

养生功效

本品具有利尿降压、清热解毒、杀菌消炎等功效。

利尿降压

圆白菜芹菜汁

消脂降压

原料

圆白菜250克，芹菜100克，蜂蜜适量。

做法

1. 圆白菜洗净，切小块；芹菜洗净，切小段。
2. 将所有食材放入榨汁机中，加凉白开到机体水位线间，接通电源，搅打均匀后倒入杯中即可。

养生功效

本品具有消脂降压、养血补虚、利尿消肿、除烦去火等功效。

黄瓜大蒜牛奶汁

改善动脉硬化

原料

黄瓜200克，大蒜5瓣，牛奶100克，蜂蜜适量。

做法

1. 黄瓜洗净，切小块；大蒜去皮，切碎。
2. 将所有食材放入榨汁机中，加凉白开到机体水位线间，接通电源，搅打均匀后倒入杯中即可。

养生功效

本品能够降低胆固醇、抑制血小板聚集、消炎抗菌等功效。

防治糖尿病果蔬汁

控糖
降脂

葡萄柚菠菜汁

原料

葡萄柚200克，菠菜50克，柠檬1/4个。

做法

1. 葡萄柚、柠檬去皮、去子，均切成小块；菠菜洗净，焯水，切小段。
2. 将所有食材放入榨汁机中，加凉白开到机体水位线间，接通电源，搅打均匀后倒入杯中即可。

养生功效

本品具有控糖降脂、养颜排毒、润泽肌肤等功效。

降脂
控糖

黄瓜青椒西芹汁

原料

黄瓜200克，青椒、西芹各150克。

做法

1. 黄瓜洗净，切小块；青椒洗净，去子，切小块；西芹洗净，切小段。
2. 将所有食材放入榨汁机中，加凉白开到机体水位线间，接通电源，搅打均匀后倒入杯中即可。

养生功效

本品具有降脂控糖、清热解渴、利水消肿等功效。

Tips 将黄瓜榨汁，用棉球蘸汁擦脸，可防脸部皮肤干燥。

西蓝花芹菜苹果汁

清热
消渴

原料

西蓝花、芹菜各100克，苹果150克，盐少许。

做法

1. 西蓝花放入淡盐水中浸泡约15分钟，洗净，切小块，焯水；芹菜洗净，切小段；苹果洗净，去皮、去核，切小块。
2. 将所有食材放入榨汁机中，加凉白开到机体水位线间，接通电源，搅打均匀后倒入杯中即可。

养生功效

本品具有清热除烦、通便降压等功效。

洋葱芹菜汁

控糖
降压

原料

洋葱50克，芹菜150克。

做法

1. 洋葱剥外皮，洗净，切小块；芹菜洗净，切小段。
2. 将洋葱块、芹菜段放入榨汁机中，加凉白开到机体水位线间，接通电源，搅打均匀后倒入杯中即可。

养生功效

本品具有控糖降压、杀菌消炎、镇静安神等功效。

防治贫血果蔬汁

桂圆红枣汁

原料

桂圆200克，红枣100克。

做法

1. 桂圆去壳、去核；红枣洗净，去核。
2. 将所有食材放入榨汁机中，加凉白开到机体水位线间，接通电源，搅打均匀后倒入杯中即可。

 Tips 桂圆壳煎水外洗，可防治荨麻疹、瘙痒症、皮炎等多种皮肤病。

养生功效

本品具有养血补虚、健脾开胃、益气安神等功效。

养血补虚

榴莲果汁

原料

榴莲300克，蜂蜜适量。

做法

1. 榴莲去皮，取肉，切小块。
2. 将所有食材放入榨汁机中，加凉白开到机体水位线间，接通电源，搅打均匀后倒入杯中即可。

养生功效

本品具有补血益气、活血散寒、缓解痛经等功效。

补血益气

樱桃甘蔗汁

原料

樱桃、甘蔗各200克。

做法

1. 樱桃洗净，去核；甘蔗去皮，切小段。
2. 将所有食材放入榨汁机中，加凉白开到机体水位线间，接通电源，搅打均匀过滤后倒入杯中即可。

养生功效

本品具有补血理气、生津润燥、宁心安神等功效。

补血理气

缓解更年期不适

养生功效

本品能够发汗解表、滋阴补肾、疏肝解郁，可以缓解更年期不适。

苹果姜汁

原料

姜10克，苹果250克，蜂蜜适量。

做法

1. 姜洗净，切碎；苹果洗净，去皮、去核，切小块。
2. 将所有食材放入榨汁机中，加凉白开到机体水位线间，接通电源，搅打均匀后倒入杯中即可。

清热除燥

养生功效

本品具有清热除燥、宁心安神、解毒消炎等功效。

蜂蜜柚子雪梨汁

原料

蜂蜜30克，柚子250克，雪梨200克。

做法

1. 柚子去皮、去子，取肉，切小块；雪梨洗净，去皮、去核，切小块。
2. 将所有食材放入榨汁机中，加凉白开到机体水位线间，接通电源，搅打均匀后倒入杯中即可。

降压解郁

养生功效

本品具有降压解郁、滋补元气、养心安神等功效。

红景天葡萄汁

原料

红景天5克，葡萄250克。

做法

1. 红景天研碎；葡萄洗净，去子。
2. 将所有食材放入榨汁机中，加凉白开到机体水位线间，接通电源，搅打均匀后倒入杯中即可。

美味豆浆轻松做

豆浆是一种老少皆宜的健康饮品，
是用水泡过的豆类磨碎、过滤、煮沸而成。因其营
养丰富，富含蛋白质、钙、磷、铁、锌等
营养素，还享有"植物奶"的美誉。

不可小瞧的豆浆功效

豆浆是我国的传统饮品，因为营养价值高，容易被吸收，因此深受人们喜爱。常饮豆浆可维持正常的营养平衡，能降压降脂、补钙壮骨、保护心血管、增强免疫力。

豆浆含有的植物雌激素物质能调节内分泌，延缓皮肤衰老，缓解更年期不适。

豆浆中所含的卵磷脂，能提高脑功能，健脑益智。豆浆含有的蛋白质具有健脾养胃的作用。据研究证实，豆浆具有平稳血糖作用，是糖尿病患者的优选饮品。

百搭制出美味豆浆

从营养学角度来讲，不同食材合理搭配，可以起到营养互补的作用。做豆浆也一样，将豆类与其他食材搭配在一起，做出的豆浆更营养、更好喝。

♦ 豆类＋谷类

豆类和谷类这两类食物虽然营养都很丰富，但各有缺陷。比如谷类蛋氨酸含量较多，而豆类含量较少；谷类赖氨酸含量较少，而豆类含量较多。无论是单吃谷类还是单吃豆类，它们的蛋白质都不能很好吸收，但是如果将谷类与豆类搭配在一起食用，就发生了蛋白质互补作用，可提高蛋白质的吸收率。

♦ 豆类＋坚果

豆类中富含植物蛋白、脂肪、磷、钙等，具有美容、预防便秘、补钙的保健作用；坚果中含有丰富的维生素E、钙、铁、锌、不饱和脂肪酸等。豆类与坚果的组合，可以丰富口味、增加营养，有助于降脂降压。

♦ 豆类＋牛奶

牛奶钙含量高，但铁含量低；豆类铁含量较高。将豆类与牛奶搭配同食，营养上可取长补短。另外，豆类中的植物固醇对预防心血管疾病具有一定意义。

豆浆饮食宜忌

豆浆必须彻底煮开喝

豆浆里含有皂素、抗胰蛋白酶因子等物质，未煮熟就饮用，会出现恶心、呕吐、腹泻等中毒症状。在煮豆浆时，水温只要达到80～90℃，就会出现泡沫沸腾，此时皂素等物质未被完全破坏。因此，豆浆初沸后应改用小火继续烧煮，以破坏其中不利消化吸收的物质。

慎食豆浆的人群

虽然喝豆浆对身体有很多的好处，可以补钙、增强机体抵抗力等。但是需要注意的是，豆浆也不是任何人都能喝的，食用不当也会威胁身体健康。

1. 急性胃炎和慢性浅表性胃炎患者不宜食用豆制品，以免刺激胃酸分泌过多加重病情，或者引起胃肠胀气。

2. 豆类中含有一定量的低聚糖，可引起胀气、肠鸣等，食积腹胀者不宜多食。另外，豆类及其制品富含蛋白质，其代谢产物会增加肾脏负担，肾病患者应慎食。

3. 痛风是由嘌呤代谢障碍所导致的疾病。黄豆中富含嘌呤，且嘌呤是亲水物质，因此，黄豆磨成浆后嘌呤含量依然较高。所以，痛风患者不宜过食豆浆。

豆浆饮食搭配禁忌

豆浆虽然营养丰富，深受人们的喜爱，但在饮用豆浆时也有一些饮食搭配上的禁忌。

×鸡蛋	×红糖	×蜂蜜	×药物
豆浆含有抗胰蛋白酶因子，与蛋清中的蛋白相结合，会造成营养成分的损失，降低二者的营养价值	红糖中含有有机酸，而豆浆中含有丰富的蛋白质。若将二者混合，红糖中的有机酸会和豆浆中的蛋白质结合，产生变性沉淀物，不利于营养物质的吸收	蜂蜜含有葡萄糖和果糖及少量有机酸，与豆浆中的蛋白质混合后，会产生变性沉淀，不能被人体吸收	与药物同时服，不仅会影响豆浆中营养成分的吸收，还可能影响药效的发挥

美白肌肤、延缓衰老

黄豆豆浆

原料

黄豆80克，白糖10克。

做法

1. 黄豆浸泡10～12小时，洗净。
2. 将黄豆放入榨汁机中，加水到机体水位线间，接通电源，搅打均匀后倒出。
3. 将制作好的生豆浆倒入小锅内，煮10分钟，加白糖调味即可。

养生功效

本品具有美白肌肤、减缓衰老、益气养血、健脾补虚、利湿解毒等功效。

强身补肾、强体美发

黑豆豆浆

原料

黑豆80克，白糖10克。

做法

1. 黑豆浸泡10～12小时，洗净。
2. 将黑豆放入榨汁机中，加水到机体水位线间，接通电源，搅打均匀后倒出。
3. 将制作好的生豆浆倒入小锅内，煮10分钟，加白糖调味即可。

养生功效

本品具有强身补肾、预防心脑血管疾病、延缓衰老、养颜乌发等功效。

Tips 黑豆皮中含有的花青素，是很好的抗氧化剂，能清除体内自由基，可防病、抗衰老。

红豆豆浆

原料

红豆70克，白糖10克。

做法

1. 红豆浸泡4～6小时，洗净。
2. 将红豆放入榨汁机中，加水到机体水位线间，接通电源，搅打均匀后倒出。
3. 将制作好的生豆浆倒入小锅内，煮10分钟，加白糖调味即可。

祛湿化瘀、养血补气

养生功效

红豆能健脾祛湿、利水消肿，对于水肿、小便不利者很合。中医认为红色入心，常喝红豆浆能补心养血。

绿豆豆浆

原料

绿豆70克。

做法

1. 绿豆浸泡4～6小时，洗净。
2. 将绿豆放入榨汁机中，加水到机体水位线间，接通电源，搅打均匀后倒出。
3. 将制作好的生豆浆倒入小锅内，煮10分钟即可。

清热解毒、护肝明目

养生功效

本品具有清热解毒、护肝明目、解暑除烦、降脂降压等功效。

青豆豆浆

原料

青豆85克，白糖10克。

做法

1. 青豆浸泡10～12小时，洗净。
2. 将青豆放入榨汁机中，加水到机体水位线间，接通电源，搅打均匀后倒出。
3. 将制作好的生豆浆倒入小锅内，煮10分钟，加白糖调味即可。

健脾祛湿、润燥利水

养生功效

本品具有健脾祛湿、润燥利水、护肝明目的功效。

祛斑美白、润肤驻颜

养生功效

本品具有祛斑美白、润肤驻颜、补益脾胃等功效。

豌豆豆浆

原料

豌豆85克。

做法

1. 豌豆浸泡10～12小时，洗净。

2. 将豌豆放入榨汁机中，加水到机体水位线间，接通电源，搅打均匀后倒出。

3. 将制作好的生豆浆倒入小锅内，煮10分钟即可。

益气养血、延缓衰老

养生功效

本品具有益气养血、延缓衰老、降脂通便、改善血液循环的功效，对更年期女性情绪不稳有调补作用。

燕麦红枣豆浆

原料

黄豆、燕麦片各40克，红枣25克。

做法

1. 黄豆浸泡10～12小时，洗净；红枣洗净，去核，切碎。

2. 将所有食材放入榨汁机中，加水到机体水位线间，接通电源，搅打均匀后倒出。

3. 将制作好的生豆浆倒入小锅内，煮10分钟即可。

养肝补肾、养颜乌发

养生功效

本品具有养肝补肾、养颜润肤、降脂控糖、益精养血等功效。

黑芝麻豆浆

原料

黄豆70克，黑芝麻20克。

做法

1. 黄豆浸泡10～12小时，洗净。

2. 将黑芝麻、黄豆放入榨汁机中，加水到机体水位线间，接通电源，搅打均匀后倒出。

3. 将制作好的生豆浆倒入小锅内，煮10分钟即可。

枸杞豆浆

原料

黄豆60克，枸杞子10克。

做法

1. 黄豆用水浸泡10～12小时，洗净；枸杞子用温水泡发，洗净。

2. 将枸杞子、黄豆放入榨汁机中，加水到机体水位线间，接通电源，搅打均匀后倒出。

3. 将制作好的生豆浆倒入小锅内，煮10分钟即可。

养生功效

本品具有滋补肝肾、益精明目、补血益气等功效。

白果豆浆

原料

黄豆75克，白果15克。

做法

1. 黄豆浸泡10～12小时，洗净；白果去外壳。

2. 将白果、黄豆放入榨汁机中，加水到机体水位线间，接通电源，搅打均匀后倒出。

3. 将制作好的生豆浆倒入小锅内，煮10分钟即可。

养生功效

本品具有润肺补肾、健脾益气、化痰定喘等功效。

Tips 白果有微毒，5岁以下的幼儿应忌食。

润肺
通便

杏仁豆浆

原料

黄豆70克，杏仁20克。

做法

1. 黄豆浸泡10～12小时，洗净；杏仁洗净。

2. 将杏仁、黄豆放入榨汁机中，加水到机体水位线间，接通电源，搅打均匀后倒出。

3. 将制作好的生豆浆倒入小锅内，煮10分钟即可。

养生功效

本品具有润肺通便、止咳平喘、预防色素沉着等功效。

红枣枸杞豆浆

原料

黄豆50克，红枣20克，枸杞子10克。

做法

1. 黄豆浸泡10～12小时，洗净；红枣洗净，去核，切碎；枸杞子泡软，洗净。

2. 将所有食材放入榨汁机中，加水到机体水位线间，接通电源，搅打均匀后倒出。

3. 将制作好的生豆浆倒入小锅内，煮10分钟即可。

养生功效

本品具有补虚益气、安神助眠、增强体力等功效。

补虚
益气

Tips　红枣用温水泡软，再去核就很容易了。

玩转榨汁机
让你变美变瘦变健康

红枣莲子豆浆

养血
安神

黄豆50克，红枣、莲子各15克。

1. 黄豆浸泡10～12小时，洗净；红枣洗净，去核，切碎；莲子浸泡2小时，洗净。

2. 将所有食材放入榨汁机中，加水到机体水位线间，接通电源，搅打均匀后倒出。

3. 将制作好的生豆浆倒入小锅内，煮10分钟即可。

本品具有养血安神、镇静催眠、健脾和胃等功效。

百合莲子豆浆

黄豆30克，绿豆20克，百合10克，莲子15克。

1. 黄豆浸泡10～12小时，洗净；绿豆浸泡4～6小时，洗净；莲子、百合泡软。

2. 将所有食材放入榨汁机中，加水到机体水位线间，接通电源，搅打均匀后倒出。

3. 将制作好的生豆浆倒入小锅内，煮10分钟即可。

本品具有清心润肺、疏风清热、解毒利尿等功效。

清心
润肺

莲子山药豆浆

健脾
益肾

原料

黄豆50克，莲子15克，山药30克。

做法

1. 黄豆用水浸泡10～12小时，洗净；莲子浸泡2小时，洗净；山药洗净，去皮，切小块。
2. 将所有食材放入榨汁机中，加水到机体水位线间，接通电源，搅打均匀后倒出。
3. 将制作好的生豆浆倒入小锅内，煮10分钟即可。

养生功效

本品具有健脾益肾、补血益气、除燥安神等功效。

核桃黑芝麻豆浆

补肾
健脑

原料

黄豆55克，核桃仁20克，熟黑芝麻10克。

做法

1. 黄豆浸泡10～12小时，洗净。
2. 将所有食材放入榨汁机中，加水到机体水位线间，接通电源，搅打均匀后倒出。
3. 将制作好的生豆浆倒入小锅内，煮10分钟即可。

养生功效

本品具有补血健脑、润肠除燥、健脾利湿、美容养颜等功效。

Tips 此款豆浆含有较多脂肪，所以一次不宜多饮，否则容易影响消化。

玩转榨汁机
让你变美变瘦变健康

山药红薯豆浆

原料

黄豆40克，红薯、山药各30克，大米20克。

做法

1. 黄豆浸泡10～12小时，洗净；红薯、山药洗净，去皮，切小块；大米淘净，浸泡2小时。
2. 将所有食材放入榨汁机中，加水到机体水位线间，接通电源，搅打均匀后倒出。
3. 将制作好的生豆浆倒入小锅内，煮10分钟即可。

补气
护肝

养生功效

本品具有补气护肝、抗癌防衰、健脑益智、排毒促便等功效。

补中
益气

养生功效

本品具有补中益气、润肺平喘、降脂控糖等功效。

南瓜豆浆

原料

黄豆60克，南瓜30克。

做法

1. 黄豆浸泡10～12小时，洗净；南瓜洗净，去皮、子，切小块。
2. 将黄豆、南瓜放入榨汁机中，加水到机体水位线间，接通电源，搅打均匀后倒出。
3. 将制作好的生豆浆倒入小锅内，煮10分钟即可。

小米枸杞豆浆

原料

黄豆50克，小米40克，枸杞子10克。

做法

1. 黄豆浸泡10～12小时，洗净；小米洗净。
2. 将所有食材放入榨汁机中，加水到机体水位线间，接通电源，搅打均匀后倒出。
3. 将制作好的生豆浆倒入小锅内，煮10分钟即可。

润肤
养颜

养生功效

本品具有润肤养颜、调经止痛、祛湿消肿等功效。

茉莉花豆浆

解郁
抗压

原料

黄豆80克，茉莉花10朵。

做法

1. 黄豆用水浸泡10～12小时，洗净；茉莉花洗净浮尘。

2. 将所有食材放入榨汁机中，加水到机体水位线间，接通电源，搅打均匀后倒出。

3. 将制作好的生豆浆倒入小锅内，煮10分钟即可。

养生功效

本品具有解郁抗压、醒脑安神、健脾化湿等功效。

菊花绿豆豆浆

平肝
明目

原料

绿豆80克，菊花10朵。

做法

1. 绿豆浸泡4～6小时，洗净；菊花洗净。

2. 将所有食材放入榨汁机中，加水到机体水位线间，接通电源，搅打均匀后倒出。

3. 将制作好的生豆浆倒入小锅内，煮10分钟即可。

养生功效

本品具有平肝明目、清热解毒等功效。

Tips 此豆浆性凉，不宜长期连续饮用。

雪梨大米黑豆豆浆

原料

黑豆40克，大米30克，雪梨1个。

做法

1. 黑豆浸泡10～12小时，洗净；大米淘净，浸泡2小时；雪梨洗净，去核，切小块。

2. 将所有食材放入榨汁机中，加水到机体水位线间，接通电源，搅打均匀后倒出。

3. 将制作好的生豆浆倒入小锅内，煮10分钟即可。

养生功效

本品具有滋阴润肺、化痰止咳、补中益气等功效。

糯米黑豆豆浆

原料

黑豆50克，糯米40克。

做法

1. 黑豆用水浸泡10～12小时，洗净；糯米用水浸泡2小时，洗净。

2. 将所有食材放入榨汁机中，加水到机体水位线间，接通电源，搅打均匀后倒出。

3. 将制作好的生豆浆倒入小锅内，煮10分钟即可。

养生功效

本品具有补中益气、健脾养胃、滋阴补肾、益精生血等功效。

糯米双黑豆浆

原料

黑豆、糯米各40克，黑芝麻10克。

做法

1. 黑豆浸泡10～12小时，洗净；糯米洗净，浸泡2小时。

2. 将所有食材放入榨汁机中，加水到机体水位线间，接通电源，搅打均匀后倒出。

3. 将制作好的生豆浆倒入小锅内，煮10分钟即可。

养生功效

本品具有滋补肝肾、益气养血、健脾和胃等功效。

银耳百合黑豆豆浆

原料

黑豆40克，水发银耳、鲜百合各25克。

做法

1. 黑豆用水浸泡10～12小时，洗净；银耳洗净，撕成小朵；百合洗净，分瓣。

2. 将所有食材放入榨汁机中，加水到机体水位线间，接通电源，搅打均匀后倒出。

3. 将制作好的生豆浆倒入小锅内，煮10分钟即可。

养生功效

本品具有润燥养血、生津润肺、清心安神等功效。

CHAPTER

13

利用榨汁机DIY护肤面膜

不同面膜具有不同的美容功效。

自制面膜的步骤比较简单，

只需利用榨汁机，将具有美容养颜功效的各种食材

进行合理搭配，就能DIY出所需要的面膜。

现在，就让我们一起来学习一下能够美白、

保湿和紧肤的DIY护肤方法吧！

DIY面膜注意事项

自制面膜是利用生活中随手可得的简易材料来DIY面膜，具有纯天然、成本低、效果好的优点。但在制作面膜时应注意以下几点：

◆ 注意卫生要求

为了保证自制面膜的清洁与安全，在自制面膜前，一定要彻底清洁双手，最好带上一次性手套，以免将细菌带到面膜中，引起皮肤感染。同时也要注意原料与用具的清洁，残留的农药或滋生的细菌可能引起皮肤发炎或感染。此外，各种制作与盛装面膜的工具也要做好杀菌消毒的工作。

◆ 注意保存时间

一般DIY面膜保质期很短，随用随做。无抗菌剂的自制面膜保存在冰箱冷藏室，最好不超过2天，一旦变味就应该丢弃。

◆ 注意保存方法

大多数自制面膜都不宜长期保存，最好一次用完，但如果一次未用完，一定要放入封闭性能良好的容器中，放入冰箱冷藏保存。取用时最好用专用工具挖取，不要直接用手。如果取用的面膜一次没有用完，不要再放回容器。

◆ 注意有无过敏反应

天生肌肤敏感的人，建议在使用DIY面膜前将部分面膜涂在手臂内侧，停留1小时，观察有无异常反应，如果没有过敏或其他不良反应，就可以使用了。

◆ 注意不良反应的处理

再天然的保养品也不能确保不会引起任何不良反应，因此如果使用DIY面膜出现皮肤刺痛等不适，甚至发红发肿，最好马上停止使用，并做冷敷处理。如果冷敷后情况仍没有好转，应立即就医。

面膜的正确涂抹方法

面膜是肌肤的"补品"，能在短时间内激发肌肤活力。但是"大补伤身"，敷面膜可是很有讲究的。掌握一定的技巧就能让面膜功效发挥到最大。

● 温水洁面

在涂抹面膜前，需要用洁面乳洗脸，最好是温水洁面，第二遍清洗的时候同样用温水清洗。因为温水可以打开毛孔，便于吸收面膜的养分。

● 去角质

具有去角质功效的面膜不能频繁使用，会破坏角质层，一周一次就可以了。去角质是为了更好地让肌肤吸收养分。

● 洁面后补水

用洁面乳洗脸后，不要着急敷面膜，先用爽肤水进行补水，因为脸部肌肤含水量越高的话，吸收效果也会很好，所以先涂爽肤水再敷面膜，养分更容易被肌肤吸收。

● 涂抹顺序

待脸上水分吸收后，开始涂抹面膜。因为脸部各部位的温度并不一样，从脸部温度低的地方涂起，先涂抹脸颊，再到额头，再到鼻子，然后下巴，如果担心脸部和脖子的肤色不均，可以连脖子一起涂抹。

● 薄厚适度

涂抹式面膜要注意涂抹的时候，不要涂抹得太厚，不利于肌肤呼吸，也不要太薄，要盖住毛孔，看不见脸部肌肤为宜。

● 使用面膜刷

如果担心涂抹厚度掌握不好的话，建议用专用的面膜刷涂抹。

● 敷膜时间

一般面膜涂抹时间不超过20分钟，10~15分钟即可，直接清洗掉就行。

● 敷膜后保湿

要根据面膜的功效选择是否保湿，如果是美白面膜，那么敷完面膜后还需要进行保湿；如果本来就是保湿面膜，则可以省去敷膜后的保湿步骤。

● 敷膜的频率

敷面膜不能太频繁，否则会让肌肤负担太重，一般每周2~3次就够了。

DIY面膜常用工具

自制面膜是一件很有趣的事，当然也是一件很专业的事。对于工具的选择，不能有半点马虎。选择一套专业的面膜工具，会让你在制作面膜时更轻松、更便捷。

研钵：用于研磨、捣碎质软的材料。研钵可使材料更细腻，材料越细肌肤越容易吸收其中的营养成分。

量杯：用于估量出各种面膜材料的比例和分量，可以用玻璃杯代替。

汤匙：用来舀取面膜材料，还可以用来搅拌混合后的面膜材料，使其快速溶解或混合均匀。

面膜碗：主要用于盛装面膜材料。建议选用优质塑料材质，使用方便，不易碎，便于清洗。

面膜刷：可用来将糊状面膜均匀涂刷在脸上。

面膜纸：面膜如果是液体的，除直接涂抹，还可以将面膜纸浸泡其中片刻，然后覆盖在脸上，待一段时间后将面膜纸揭去即可。超市或美容用品专卖店有售。

化妆棉：用于蘸取一些水状面膜涂抹在皮肤上，也可以用于敷膜前后的清洗。

棉毛巾：棉毛巾也是自制面膜不可少的工具。它可用于涂抹面膜之前对面部进行热敷，促进皮肤对面膜营养的吸收。棉毛巾建议选择厚而柔软的。

榨汁机：果蔬是制作面膜的常用材料，榨汁机可以帮上忙，也可以用汤匙在碗中挤压果蔬材料，再用纱布滤出汁液。

海绵：用于清除残留面膜，同时去除角质，保持面部清洁。

纱布：纱布可以用来过滤面膜汁。另外，纱布可以用来蘸取液体面膜，将其涂抹在脸部进行保养。

DIY面膜常用材料

自制面膜不但简便，而且可运用的材料也很多，一般常用的是水果、蔬菜、谷类、花卉类等。

水果类

水果经常被用来DIY面膜，因为它们含有丰富的维生素、矿物质、水分。在清洁肌肤的同时，还能提供丰富的营养成分。经常用来做面膜的水果有：苹果、梨子、香蕉、葡萄、猕猴桃、西瓜、菠萝、木瓜、柠檬、草莓等。

不同的水果对肌肤有着不同的保养功效，比如苹果含有维生素C、矿物质、果糖及苹果酸，具有滋养、补水、保湿的功效，还能协助肌肤抗氧化，排出肌肤毒素；香蕉含有的天然果酸对皮肤有保湿润泽的功效；猕猴桃含有极其丰富的维生素C，它是皮肤美白所必需的营养物质，可抑制黑色素，防止雀斑的形成；木瓜中的木瓜酶能够很好地去除肌肤的角质层，并且具有温和润肤的功效。

蔬菜类

蔬菜类同样含有丰富的维生素、矿物质、水分，具有良好的清洁、滋养、美白效果。经常用来做面膜的蔬菜有：白菜、黄瓜、白萝卜、芹菜、丝瓜、冬瓜、苦瓜等。白菜富含水分，能去油脂，还有清热解毒作用；黄瓜被称为"厨房里的美容剂"，将黄瓜切成片贴在面部，可有效控油补水、美白，并减少皱纹的产生。

谷物类

可以用来做面膜的谷类原料有：面粉、小麦、玉米、薏米、绿豆、红豆、燕麦片等。这些谷类原料大多富含蛋白质、B族维生素等营养成分，对肌肤有很好的润泽、滋养、去角质的功效。面粉可以紧肤保湿，绿豆可以杀菌消炎，红豆可以控油美白。

花卉类

花卉的药用价值不断被证实，许多花不仅可以食用，也可以用来外敷。花卉还具有独特花香，因此在使用花卉材料制作面膜时，还能享受花卉的芳香。经常用来DIY面膜的花卉有：玫瑰花、菊花、薰衣草、洋甘菊等。

补水嫩肤

西瓜蛋清面膜

适用肤质

干性皮肤、混合性皮肤。

美丽功效

补水效果超棒，可使皮肤光滑有弹性。

原料

西瓜200克，鸡蛋1个（取蛋清），面粉适量。

轻松DIY

1. 西瓜去皮除子，切成小块。
2. 将所有食材放入榨汁机中，接通电源，搅匀成糊状即可。

使用方法

洗脸后，先用热毛巾敷脸3～5分钟，然后均匀涂上面膜，15分钟后用温水洗净。每周使用2次。

祛痘控油

香蕉豆浆面膜

适用肤质

任何肤质。

美丽功效

补充肌肤所需水分，调节肌肤表面的油脂分泌，帮助祛痘。

原料

香蕉1根，鲜豆浆100克，面粉30克。

轻松DIY

1. 香蕉去皮，切块。
2. 将所有食材放入榨汁机中，接通电源，搅匀成糊状即可。

使用方法

洗脸后，先用热毛巾敷脸3～5分钟，然后均匀涂上面膜，15分钟后用温水洗净即可。每周使用1～2次。

润肤保湿

橄榄油蜂蜜面膜

适用肤质

干性皮肤。

美丽功效

补充肌肤所需水分，有效改善肌肤干燥、粗糙，令肌肤时刻保持水嫩状态。

原料

橄榄油4克，蜂蜜10克，面粉适量。

轻松DIY

将所有食材放入榨汁机中，接通电源，搅匀成糊状即可。

使用方法

洗脸后，先用热毛巾敷脸3～5分钟，然后均匀涂上面膜，15分钟后用温水洗净即可。每周使用2～3次。

菠萝蜂蜜面膜

原料

新鲜菠萝肉30克，蜂蜜10克。

轻松DIY

将所有食材放入榨汁机中，接通电源，搅匀成汁即可。

使用方法

洗脸后，先用热毛巾敷脸3~5分钟，将浸透的化妆棉敷在面部，15分钟后用清水洗净。每周可使用2~3次。

祛斑美白

适用肤质

混合性皮肤。

美丽功效

强力收缩毛孔，淡化色斑，扫除暗沉。

猕猴桃黄瓜面膜

原料

猕猴桃半个，黄瓜50克，蜂蜜10克。

轻松DIY

1. 猕猴桃洗净，去皮，切块；黄瓜洗净，切块。
2. 将所有食材放入榨汁机中，接通电源，搅匀成糊状即可。

使用方法

洗脸后，先用热毛巾敷脸3~5分钟，均匀涂上面膜，15分钟后用温水洗净即可。每周使用2~3次。

祛斑润肤

适用肤质

除敏感肤质外的其他皮肤。

美丽功效

有效消除面部斑点，改善肤色暗沉，使肌肤白皙、红润、有光泽。

柠檬酸奶面膜

原料

柠檬半个，酸奶50克。

轻松DIY

1. 柠檬洗净，去皮、去子，切成小块。
2. 将所有食材放入榨汁机中，接通电源，搅匀成糊状即可。

使用方法

洗脸后，先用热毛巾敷脸3~5分钟，均匀涂上面膜，15分钟后用温水洗净即可。每周使用1~2次。

晒后修复

适用肤质

任何肤质。

美丽功效

抑制黑色素生成，让肌肤亮白通透。

控油
抗衰

适用肤质

任何肤质。

美丽功效

具有控油作用，还能抗氧化、清除多余角质。

胡萝卜蛋黄面膜

原料

胡萝卜半根，生鸡蛋黄1个。

轻松DIY

1. 将胡萝卜洗净，去皮，切块。
2. 将所有食材放入榨汁机中，接通电源，搅匀成糊状即可。

使用方法

洗脸后，先用热毛巾敷脸3～5分钟，均匀涂上面膜，15分钟后用温水洗净即可。每周使用1～2次。

苦瓜绿豆面膜

原料

苦瓜100克，绿豆粉50克。

轻松DIY

1. 苦瓜洗净，去蒂除子，切块。
2. 将所有食材放入榨汁机中，接通电源，搅匀成糊状即可。

使用方法

洗脸后，先用热毛巾敷脸3～5分钟，均匀涂上面膜，15分钟后用温水洗净即可。每周使用1～2次。

抗菌
消炎

适用肤质

油性皮肤。

美丽功效

具有抗菌抑菌的作用，有较好的控油祛痘效果。

美白
抗皱

适用肤质

油性皮肤。

美丽功效

不但具有美白、淡斑的功效，还有助于淡化皱纹。

薏米牛奶面膜

原料

薏米粉80克，纯牛奶100克。

轻松DIY

将所有食材放入榨汁机中，接通电源，搅匀成糊状即可。

使用方法

洗脸后，先用热毛巾敷脸3～5分钟，均匀涂上面膜，15～20分钟后用温水洗净即可。每周使用1～2次。